先生归来兮

晏阳初，为育新民除文盲

晏阳初　雷洁琼　等著

中国文史出版社

图书在版编目（CIP）数据

先生归来兮：晏阳初，为育新民除文盲 / 晏阳初等著. —北京：中国文史出版社，2019.10

（百年中国记忆. 教育家）

ISBN 978-7-5205-1265-7

Ⅰ. ①先… Ⅱ. ①晏… Ⅲ. ①晏阳初（1890–1990）—传记 Ⅳ. ①K825.46

中国版本图书馆CIP数据核字（2019）第186184号

执行主编：张春霞
责任编辑：高　贝

出版发行： 中国文史出版社
社　　址： 北京市海淀区西八里庄69号院　邮编：100142
电　　话： 010–81136606　81136602　81136603（发行部）
传　　真： 010–81136655
印　　装： 北京地大彩印有限公司
经　　销： 全国新华书店
开　　本： 787mm×1092mm　1/16
印　　张： 16
字　　数： 215千字
版　　次： 2020年1月北京第1版
印　　次： 2020年1月北京第1次印刷
定　　价： 59.80元

晏阳初（1890—1990）

1933 年前后，晏阳初一家在定县

1943 年 5 月，晏阳初与爱因斯坦博士（左一）、夏普瑞博士合影

1944 年 6 月，晏阳初在美国缅因州立大学获荣誉博士学位时的留影

1966 年，晏阳初考察危地马拉乡村

晏阳初与夫人许雅丽在菲律宾国际乡村改造学院

目录

第　一　辑

生平际遇：从巴山蜀水走出来的“平民教育之父”

先生歸来兮

故乡和家世

晏阳初

我的乡井在四川巴中县。那儿，有我多少脚印，踏上山之巅、水之涯。那儿，埋葬着父母亲的慈骨，也珍藏着幼年时温馨的记忆。尽管我是四海为家，有时午夜梦回，难免乡思万缕。书声、弦歌，以至樟茶鸭、豆豉鱼，都是可怀念的。尽管这30多年来，我常用的是英语，偶用母语，乡音未改。记忆中的故乡，随着我环绕天涯。我一向认为，生于西历1893年10月26日，可是，近年家乡人来信，说我九十有三了，也就是生于1890年。晏族子弟取名，照族谱排行，是："名正言顺，事成礼乐兴，声宏室大，世代文章盛。"远祖晏顺宝、晏事叩、晏成才、晏礼忠。父亲讳乐全，字美堂，承继先人之业，是塾师，兼谙中医药，能看病开方，乡人敬重他的仁心仁术，按照传统，谓之为儒医。

母亲娘家姓吴，经济情况似乎比晏家稍强。在许多方面，母亲是个传统的女性，不识字、小脚，持家勤俭，教子严明。她是位真正的严母。有一件小事，我永远不会忘记。一年重阳节，大哥和他的朋友去登高，意气风发之余，饮酒以助吟唱，大哥竟喝醉了，归途中，遇到一位晏族的晚辈，不知怎的，两人话不相投，大哥把这位晚辈骂了一通。旁人把这事告诉了母亲。大哥一到家，母亲立刻集合全家大小，训责大哥一不该喝醉，二不该酒后失态，给晏家丢脸。大哥低垂着头，也不敢申辩。他那时大概30岁出头，有妻有子，而且是巴中县游击（武官）的掌稿（文书），在乡中算是有头有面的。可是母亲仍然拿出鞭子，命大哥伏在一条板凳上，气颤颤地说：“我今天要是不打你，是我对不起晏家。小辈们都要学着喝醉，还了得！”刷！刷！刷！他不敢吭一声。我们默默无言，只能暗中替他难过。这件事常使我联想到中国母亲在家中的威严。我一生与烟酒无缘，也许和这件事，多少有点关系。

父母亲共生育四男二女，我是意外的幺儿，生我时，母亲已40岁左右。她的奶水不足，那时既没有奶粉，更没有婴儿食品。邻居的一位娘娘，是我母亲的一位好朋友，看我瘦得怪可怜的，天天嚼米饭和锅巴喂我，感谢她的哺饭，我居然长大，而且活到这把年纪。于今，医生说，我很健康，血压正常，胆固醇不高，吃得下，走得动，看得见，听得见，手不抖，而且还能游泳、讲课、上班。摆龙门阵，话定县当年，更是乐此不疲。老天垂爱，有过于此吗？就是有点小遗憾，活到老，胖不了。对我来说，长胖是天下最难的事。在这怕胖的年代，我得天独瘦，瘦有瘦劲儿，也聊得可自慰了。

据家人说，我的外形像母。她白净清秀，颇有威仪。但在神态和性情上，我秉承父亲的成分居多。我怎样也记不起他发怒的样子，在我的脑海中，他是个典型的读书人，谈吐斯文，待人和气。最难忘的是他的笑容，温善可亲，好似春天的阳光。“春风风人”一语，用在他身上，非常恰当。从他，我想到身教的重要。

父亲是我的启蒙老师，四五岁的时候，我开始到塾馆上学。那时的小孩真是心无二用。天不亮起床，草草洗脸、吃饭，就跑到学堂，一直读到中午 。回家吃午饭。再回学校，读到晚饭时间。饭后在暗淡的菜油灯下，温习一天的功课。除了年节，没有假期，也没有周末。

读的是传统的教科书：《三字经》《百家姓》《千字文》《千家诗》《论语》《孟子》《大学》《中庸》《书经》《诗经》。

虽然读的书，半懂非懂，但我不以为苦，从不逃学。老天给我的记忆力颇强，读一二遍就能背。后来因为工作，简直没有时间再读古书，但有些句子，我至今能背。但我觉得背诵、朗诵是很好的方法。我小时爱朗诵，跟同班一起摇头摆脑地朗诵，兴味无穷。从我母亲那秉承了一副洪亮的嗓子，老师们爱听我朗诵，对我是一种鼓励。我后来喜欢唱歌、唱圣诗，能够演讲，大概和我幼年的朗诵，不无关系。我也喜欢听别人朗诵、唱歌。声音的变化，在空中激荡摇曳，对我具有莫大的魅力。

我读的古书虽然有限，但它们都悄悄地在我幼小的心田中，埋下一粒微妙的火种，要经过一二十年，我才发现它的存在和意义。那是什么呢？就是儒家的民本思想和天下一家的观念。平民教育运动、乡村建设运动，不论在中国，或是在海外，都是民本思想的实践，而以天下一家为最高宗旨。

幼年的教育，也深深地影响了我的人生观。天天向“天地君亲师”的牌位磕头，日日夜夜对着这牌位，口诵修身、齐家、治国、平天下的誓言，尽管那套大道理，不甚了了，脑袋里还是装满了它。我很早就有“忧以天下，乐以天下”的壮怀，似乎以此为当然。个人、家、国、天下，即是一脉相连，读书人的理想，大则为民从政，小则显亲扬名。实际上两者一回事，也就是功名致仕，其极致是为一国之相。科举未废除前，我也做过这样的梦。现在回想觉得有点可笑，但也可见我幼时心高好强，具有治国平天下的豪志。平民教育、乡村改造，都是放眼世界的运动，和我小时候的理想，可说是殊途同归。

父母亲对我的寄望，也是我一生中最重要的一股动力。祖上数代书香，却没于功名，家境十分清寒，既无田产，连住的房子都是租的。父母看我这么有志向上，慰喜之情，自是不免。为鼓励我，父亲赐我字“阳初”，意思是旭日之初。后来，我以字行，很少人知道我的原名——兴复。小名云霖，是只在家中用的。

父母望我成器，钟爱我，但不溺爱，母亲尤不姑息。因此，我不得不努力做个小大人。那样子，回想起来，怪滑稽的。头上挂着六条小辫子，是姐姐们代梳的。身上终年穿一身土布衣衫，洗得干干净净。脚上是布鞋布袜。母亲随时在旁边提醒：站有站相，坐有坐相，走有走相，吃有吃相。既不准我们跑，也不准我们跳。有一次，我和几个小朋友在街上走着，忽然下起雨来了。我们就顶着雨，照旧斯斯文文地走回去。

我小时，没有什么娱乐可言。只记得偶尔骑着竹竿当马，也就是竹马，在河边溜达溜达。我二哥会拳术，我跟他学了几手，却不料因此引出一件事来。

一天，放学回家，途经一庙，锣鼓正喧，在演戏谢神。这热闹，小大人拒绝不了。我正看得如痴如醉，忽然背后被人重重一推，几乎栽了下去。我往后一看，推我的原来是一位同学，正在咧着嘴为这恶作剧得意呢！不知怎的，我怒从中来，一巴掌打到他脸上，立刻显出五条指印。我万没有想到练拳后的手会如此厉害。我呆了，小孩哇哇大哭。我料想，他必定会去找我家告状，我因此不敢回家，懊悔万分。东荡西荡，直到深夜，猜想家人都已入睡，我一溜烟钻进房中，蒙着被，希望就此了事。母亲提着灯来了，揭开被子，用鞭子痛打我的屁股。咬着牙，我不敢哭。

母亲呀！您打得对。您知道吗？这件事常常告诫我：忍耐！忍耐！忍耐！知我者多认为我的自制力甚强。知我浅者，说我天生的好脾气。是乎？非乎？我自己知道，若不是忍耐，我没法活到今天。若不是忍耐，我早不愿为我的运动去募款求人，看人脸色。若不是忍耐，我早不愿住在穷乡僻壤，让虫子咬、蚊子叮。也有想发脾气的时候，但只要想到您的鞭子，我就会心中默念："小不忍则乱大谋。"所谓大谋，就是父亲耳提面训的古圣哲理，就是那照亮我人生旅程的火种。

（选自《九十自述》）

初见劳工疾苦

晏阳初

20 世纪初叶，内地会在巴中县开设一个福音堂。堂中有数位外籍传教士，延请我父亲做中文老师。父亲有诗云：“炮响天明起着衣，洋堂教授犹嫌迟。我儿何日得知事，睡到邻家饭熟时。”由此可见，父亲教书的辛苦和传教士学习的努力。巴中县有城墙，有钟鼓楼，早、午、晚鸣炮报时，等于是全城人的闹钟。那时代，钟还是贵重之物，非普通人家所能有，表就更不用说了。

1920 年左右，姚牧师在保宁府开办了一个西学堂。巴中福音堂的传教士，劝父亲送我去这学堂读书。因为与传教士往来，父亲体会到古书之外另有世界，西学是潮流所趋。他具有这识见，比巴中县人要早好几年。母亲也很开明，不但没有阻拦我去保宁，没有流泪，还鼓励我说：“男儿志在四方。你出去好好读书，见见世面，将来出人头地，也替家乡和晏家争光。”母亲的理智胜过感情，从不要求我承欢膝下，总是激励我向外发展。我一生以事业为重，其来有自。有时自问：如果父母都是因循守旧，我现在会在哪里呢？

1903年夏秋之间的一天，大哥陪着我，踏上保宁府的道路。这是我第一次亲身体验到古蜀道之难。处处皆是崇山峻岭、深沟险壑。天府之城是指四川盆地，它的平原面积还不到全省的百分之三，它的周围都是巍峨的山岭，交通十分闭塞。到本世纪40年代末，四川省没有一寸铁路，半数以上的县城不通公路。

背上挂着一个小包，里面是换洗的衣服；手里提着一个三四层的饭盒，里面是米饭和豆豉炒腊肉丁。我跟着大哥，翻山涉水，行行复行行，走了400里，共5天。有些地方，连路都没有，只能顺着田间的羊肠小径，左右迂回前进，一不小心，掉进了田里，变成了泥人。

那年代四川的游匪强人，为数甚多，打家劫舍，出没无常。居家且有险，何况长途跋涉！与我们为伴的，是贩盐的苦力。我是这行列中唯一的孩子，只有十来岁。我脚走得起泡，真想哭。有时实在走不动了，大哥请了大人背我。背一里一个小钱。背一小程，我自己走一大程。

贩盐的艰苦，非亲眼见者难以想象。他们每人背着一二百斤的盐包，爬山越岭时，气喘不休。下山也难，匍匐而行，万一落脚不稳，会翻筋斗滚下去。晚间，我们一道在山村陋栈借宿。十几个人一间屋。床是架在凳子上的一块木板，上面铺着一层薄薄的稻草。睡前，苦力解开上衣，用一块布沾着水，洗涤肩臂上的血汗。黑紫的疤痕，满布肩臂，看来好吓人。大哥同我，和他们一起，在一个大木盆中，用热水洗脚、泡脚，以消除全身和足部疲劳。我们看到他们的脚和腿上，血管和筋脉突出的像一条条的小青龙。盆中的水，一会就变成了泥浆。

劳力者呀！这是我第一次与你们共同生活，我稍稍体会到你们的痛苦和坚忍。也可以说，我从生活中受到了一次教育，不是从书本或学校所能得到的，我朦胧地意识到：民间的疾苦，必须从生活中去了解，要经过 20 多年的探索，这样才能逐渐发展为一套具体的实践方法。

（选自《九十自述》）

西学堂的影响

晏阳初

西学堂对我有两项终身的影响。一是唱“圣诗”。20世纪初叶，在保宁，圣咏还是“新文明”，大部分的教友对此道茫无所知。因为我的喉嗓不小，姚牧师让我和另一位同学站在礼拜堂的前排带头领唱。无奈这位同学和我，是初生之犊，只会慷慨吟啸，有时作了“惊人之鸣”，还不自知，因为根本看不懂谱，无论是“1 2 3 4 5”的还是“豆芽菜”的。那位弹小风琴的伴奏者，只好将错就错，去旧立新。教友们不知所从。悠悠然各抒己意，共同参加集体创作的混声曲。后来，我们渐渐学会唱诗，把许多教友带进了圣乐，共享那庄严的韵律、那清丽的诗句。从那时到现在，我生活中最大的享受，也是我唯一娱乐，就是晚间唱几首圣诗，或听圣咏的唱片，借此消除疲劳、暂忘忧舒畅胸怀。温厚从容的圣乐，给我多少心灵的安慰和精神的鼓励，没有它，生活是寂寞的。

西学堂给我的另一长远的影响，是养成运动的习惯。我生性好动、爱诙谐。在家里的时候，父母亲严格的管教，压抑了这种天性。到了西学堂，情况一变。德育和智育之外，姚牧师很注重体育。我们每天有室外活动。我学会打板球（Cricket），而且打得不错。我最喜欢的是，齐步前进的操练，雄赳赳、气昂昂，每一步踏下去都感到力量，都发出回响。因为我操得很起劲儿，嗓子又大，姚牧师总叫我带头，司口令。虽然我们不用枪或刀，但一操练起来，一股战斗的气概，油然而生。我们想象自己是基督的“十字军”，征讨世上的罪恶和不平，以必胜的决心，无畏地前进。青春早已消逝，但当年操练时的豪壮之情，跟随了我一生。

筋骨得到解放，我不但长得比小时健壮，而且也变得活泼有生气了。从那时起，我几乎没有一天不做身体的运动，偶尔因事情无法运动，就觉得萎靡不振。而且，我深深爱上了“运动”这两个字。60年来的工作，都是运动——识字运动、平教运动、乡村建设运动、乡村改造运动。“运动”可以有不同的诠释，我的了解是这样的：按照身体或社会的情况，制订一定的计划，进行训练，旨在促进身体或社会的健康发展，取得最好的效率。

我的身体日趋健康，还有另一个原因。每年寒暑假，我必定回乡探亲。从巴中到保宁，一次回来，步行山路600里，一年两次，就是1200里。四年共计走了4800里，越走越能走，越走越强。我一身足力甚健，和这山路很有关系。现在每天散步两小时，不用拐杖。

总的来说，在西学堂4年，我的精神、知识、体育，得到逐步的增进和提升，心便为之壮，气便为之舒。“如鱼得水”，可借来形容我当时综合的思感。

（选自《九十自述》）

在港大初露锋芒

夏辉映　宋恩荣

晏阳初在保宁府结业之后，应聘到成都一中任英文教师。后来又应外籍传教士史文轩之请到成都辅仁学社任副主任。史氏看到晏阳初德才兼备，志存高远，遂建议并资助他到香港上大学继续深造。

1912 年末，晏阳初告别了生于兹、长于兹的巴蜀僻壤，来到被世人誉为“东方之珠”的香港。

然而晏阳初在家乡所受的教育，较之香港名校尚差一段距离。于是他先进入圣德芬学校补修一个时期的高中课程。此校学生多是来自香港和马来半岛的富家子弟，一般均受过良好教育，将来准备考入牛津大学或剑桥大学深造。相形之下晏阳初显得十分寒碜，加上初来异地，不服水土，经常拉肚子，弄得身体日渐消瘦。但晏阳初克服困难、目不窥园，心无二致，一学期倏忽过去，他的考试成绩居然领先群侪。

在暑假里，其他同学都回家消夏，而晏阳初却拿了自己省吃俭用所积蓄的 12 元钱到处求教，这样晏的成绩更是锦上添花。同年 9 月，香港大学举行招生考试，晏阳初毅然报名。不几天，香港大学校长索特将晏阳初叫到他的办公室说：“晏阳初，你考了第一，恭喜你！新生状元，可得英皇爱德华第七奖学金，共1600元。”1600元，在当时是一个惊人的数字，晏阳初做梦也不曾想到。他先是吃惊，后是欢喜，但校长继续说：“不过这奖学金有一条款，得奖人必须是英国属民。你愿意做英国属民吗？”这有如给晏阳初当头浇了一瓢冷水。他义愤填膺，当即摇头对校长说：“这对一个中国人来说，代价太高了！我不能以放弃我的国籍作为交换条件来获得这笔奖学金！”说完转身走出了校长办公室。

这件事很快在港大传开，许多中国籍学生举行活动，抗议这种不公平待遇。副校长爱理鹗爵士也深表同情，但他本人无权更改条款，只得亲自到北京晋见袁世凯，请专设一笔中国籍学生奖学金。袁允其求，同意设立“袁世凯奖学金”。但公函往返，时日悠长，两年之后才告成功，而此时晏阳初已准备启程前往美国深造了。晏阳初后来不无感慨地说：“当年袁世凯，赫赫有名，大家都希望他能做拯救中华民族的华盛顿。谁知道他想做皇帝呢！未沾其‘惠’，真是万幸！”

（选自《平民教育家晏阳初先生》）

转投耶鲁门下

夏辉映　宋恩荣

晏阳初在香港大学政治系学习 3 年之后，学业有了长足进步。适有友人致函介绍他到美国去深造。晏阳初一来由于旅费粗有着落，二来深厌香港社会令人窒息的殖民主义气息，遂决定前往美国入奥柏林学院学习。后因在赴美途中，受同船旅伴、耶鲁大学毕业生莱夫的鼓励，改入耶鲁大学深造。1916 年 9 月晏阳初在耶鲁大学正式注册，主修政治经济学。

耶大是一所环境幽静雅致的高等学府，与香港那种商业天地大异其趣，而且校内充满民主气氛，对远邦来的青年学生格外热情，给晏阳初提供了一个理想的学习环境。当时美国第 27 任总统塔夫脱卸职后正在该校讲授宪法与法律课程，晏阳初得以亲炙门下，容闳之孙与康有为之侄也是晏的同班好友。

入耶大不久，晏阳初即参加了该校的中国留美学生会，1917 年冬当选为耶鲁华人协会会长。当时美国社会充斥的排华情绪使晏阳初深受刺激。他的功课虽然很忙，但还经常抽阅移民法和美侨资料，探寻公理，而且参加演讲，谴责美国的排华政策。他常自问："为什么华人低人一等？连美国这样号称民主政治的国家都排华，那其他国家不是可想而知了吗？”最后他痛苦地告诉自己：抗议只是治标，自强才是谋求真正平等的正确道路。国内战乱频仍，列强染指，军阀贪官蠹国害民，泱泱华夏大邦早已沦为二三等国家，欲与世界强国比肩而立，实难有望。20世纪科学技术迅速发展，体力取胜的时代早由智能取胜的时代替代了，而智能得之于教育。在美华人吃亏在缺乏教育，智能无由发展。以体力与智力相争，正如瞎子斗不过明眼人，岂能不甘拜下风！要谋国家强盛，当从提高人民的智能做起。这个感受激励着晏阳初为平民服务，为平民献身，成了晏阳初一生从事平民教育的契机。

（选自《平民教育家晏阳初先生》）

投身平民教育

张敬伟

1920年7月29日，晏阳初搭乘“俄罗斯皇后号”离开英国。他凝视东方海平线上冉冉升起的旭日，想到自己从1916年离开祖国，来自大巴山的孩子，学成归国，将要从事开发民智的平民教育事业，来报效祖国，心头充满着自信和骄傲，他微笑着给同伴谈论自己的理想，引来中国留学生们的阵阵掌声。

1922年，晏阳初到长沙发动了平民教育运动，成立了湖南省平民教育促进会，揭开了全国平民教育的序幕。1923年，中华平民教育促进会总会在北京成立，两年后，正式确定河北省定县为乡村教育华北实验区中心。在那里，晏阳初与他的战友们，开始定县社会调查，针对中国当时农民的“愚”“穷”“弱”“私”四大顽症，研究治疗这四大顽症的药方：文化教育、生计教育、卫生教育、公民教育。从北京到定县，不只是地理上的几百里路的迁移，而是十几个世纪的空间跨越，是对士大夫官本位传统的挑战，是提高民族素质的大胆尝试和创新。晏阳初笑了，看到更多的知识分子上山下乡加入这一伟大实践活动中；晏阳初笑了，一个个农民在识字班写字学话；晏阳初笑了，村民的卫生陋习彻底改善，身体健康了；晏阳初笑了，村民们掌握了先进的种植养殖技术，结出了累累硕果；晏阳初笑了，村民们民主选出了自己信赖的村长。那笑是发自内心的微笑，是对乡村建设运动成果的肯定和赞许！直到今天，定州市的翟城村，晏阳初当年种植的一千亩梨园，粗壮的梨树每年仍然结出甜美的果实，向人们述说晏阳初思想的历史意义！

之后的几年，晏阳初领导的平民教育和乡村建设运动，在长沙，在四川成都，在重庆北碚，在华西实验区，蓬勃发展。

在四川重庆北碚区歇马乡，一万亩土地被划定为华西实验区，在这里，建起了中国乡村建设学院，大批乡村建设人才和农民接受培训，今天，那里的晏阳初旧居划定为国家文物保护单位。墙上悬挂的晏阳初博士有些发黄的老照片，慈祥和蔼的老人永远微笑着。

（选自《永远的微笑》）

将平教乡建运动推向世界

张敬伟

1944年3月21日，晏阳初与古巴哈瓦那著名人士约翰逊等商讨在古巴推行平民教育问题，这是晏阳初将平教乡建运动推向世界的开始。而将晏阳初的理念、实践经验全面介绍给世界，并产生巨大影响的，当推美国著名女作家、诺贝尔文学奖获得者赛珍珠，她的访谈录《告语人民》、她的小说《大地三部曲》，正是“因其对祖国农民生活丰富而真实的史诗般描写”而荣获1938年诺贝尔文学奖。在《告语人民》一书中，赛珍珠高度赞扬了“实用主义和平民主义在晏阳初身上完美结合”，“你完全可以凭借自己出众的才华而赢得崇高的声望和舒适的生活”。

在随后的几十年里，晏阳初和他的同道者带着济世的自信，微笑着将自己的理论和实践，推向了贫穷极不发达的第三世界国家，在印度，在菲律宾，在危地马拉，在古巴……取得了一系列平民教育和乡村建设成就，令人瞩目。

（选自《永远的微笑》）

思恋故土，心怀祖国

夏辉映　宋恩荣

在成功和荣誉面前，晏阳初先生更加怀念故乡，关心祖国的命运。他自 1949 年离开祖国定居美国之后，这种思念和关心与日俱增。1985 年和 1987 年，他两度受全国人大常委会之邀回到祖国，党和国家领导人邓颖超、万里、周谷城亲切接见他，称赞他 70 年来对平民教育事业的奉献精神。他不顾年高体弱，到定县、到成都等地参观访问，见到了梁漱溟、胡子昂等许多老朋友以及众多的学生。在阔别半个世纪的定县，当地农民以及当年平民学校的工友、学生，捧着家乡的土特产，冒雨排列在街巷迎接他。他们唱着当年平教会教给他们的《平教同志歌》，以表达他们对过去岁月的怀念以及对晏阳初造福人民的献身精神的景仰。晏阳初面对祖国近年来改革开放后出现的巨大变化，欣喜不已。他一再表示，要在有生之年为祖国的现代化建设贡献自己的力量。

（选自《平民教育家晏阳初先生》）

第　二　辑

平民教育：除天下文盲，做世界新民

先生歸來兮

平民教育新运动的真相

晏阳初

国内的调查既如此，海外的经验又如彼，我们对于普及教育入手办法，略具端倪，于是有平民教育新运动的产出，这运动的真相，可分以下的两层来说：

（甲）工具

语云“工欲善其事，必先利其器”，这句话是很有价值的。平民教育的工具是什么呢？就是课本。无良好适用的课本，虽有善教的先生，好学的学生，总是事倍功半，难以见效的。所以我们入手的第一步，就是制造一个较适用的课本。

（一）检字 吾国文字很深，实是教育普及的一大阻力。读了四书、五经、古文，而不能写一封通顺的买卖信的，十居八九。及新文化运动做成了“文言一致”的功夫，那就把我们平民教育问题的担子减轻了。在中国讲平民教育，须知平民教育，即是贫民教育，所以对于他们的生计问题，就不当忽略。他们一天到晚为饭碗忙碌，哪有好多闲时来读书，所以我们如要为他们求教育普及，非制造一种特别的工具，使他们于最少的时间，识得最多的文字（Maximum vocabulary，minimum time）不可。所以我们查验一个说国语的人，至少离不了的常用字是什么字，又有多少字，然后再根据学理、经验，来把它编成适用的读本。

我们选出这最通用字的办法，强半是根据以前在法比华工教育中的经验。那二十万华工之中，有农，有工，有商，有兵，实能代表三万万平民的心理、生活及需要。同时，我们又根据归国后由各种平民课本，及他种白话书报的调查比较后，选出常用的字数千。由此数千字中，复选出最通用的一千字，作为“基础字”（Foundation characters），这样使所学即是所用，所用即是所学，不致枉费精神时间空学一个无用的字。但这种选法，还怕欠妥，所以我们又博咨旁问，在各方面教育专家前请教。恰有吾友陈鹤琴先生自归国以来，即与同事数人，在东南大学对于此事曾有精深研究。他们几位先生，不辞劳瘁，不嫌麻烦，用了两年余的光阴，将我国的白话文学，如《水浒》《红楼梦》等书，及各界通用书报，每种分工检查，将各书所有的字，以各字所用次数的多少分类，一共检查了五十余万字，从中选出通用的字数千（检字的方法陈君于本刊别有详论）。以陈君用科学的方法所选的通用数千字中，最通用的，即分数最高的一千字，与我们由经验及研究所选的一千字比较，竟有百分之八十相同。由此足见经验（Empirical）的方法与科学（Scientific）的方法，实能互相纠正发明的。陈君同事与我们，还要继续地研究下去，希望不久可达到完善的地步。

（二）编辑　徒有单字，而无一种根据科学的、经验的与最有趣味的编辑，也是难读，难记明白的。所以我们就把这一千字编成三册，名《平民千字课读本》，其大意如左：

千字课是特为一班十二岁至二十岁目不识丁少年预备的，共计一百二十二课，字义由浅而深，字数由少而多，每天用一点半钟的工夫，四月之内可以读完。

首册（A）计三百字，分四十课，每课用白话体，将生字参入，撰成通常日用或稍带新意的语句。而联句的字，仅限于前课已认过的字，借此可以一面教学生明白新字的用法，一面可以温习前课的旧字。

（B）凡生字或生字所联成的熟语，都用大号字，以醒眉目。

（C）每六课参入一课练习，或填字，或对字，或词句重组，或造句，以便活泼脑力，运用字句。

（D）大字旁附注音字母，是备学生学过注音字母的，更易辨明字音，以期达到国音统一的目的。

（E）根据一册的生字，著“工读”“互助”“爱国”三个歌儿，并歌调，附在课末，凑趣凑趣，且略表本书的意旨所在。

第二册、三册有了一册的三百字作基础，二册、三册的编辑法也就稍不同了，其大意如左：

（A）本册的字数、课数，与第一册同。但每课皆有一定的题目，根据本课的生字，与前课的熟字，来撰成白话数句，或十数句，照题发挥，或用白话信，或用故事，或用寓言，或用中西名人传，或诗歌的各种体裁，借以增进学生认字的兴味，和求学的精神。

（B）可用图画的课，皆附图画，借以点缀。

（C）注音字母和首册一样附着备用，三册除共计四百字分四十二课外，与二册的编法大概相同。

我们编印这三册的课本，特设课本校正委员会，会同审慎研究，务期妥善；此外，得到东南大学教育科陈鹤琴先生及他的几位同事的帮助甚多，北大胡适之先生指正的地方，也很不少。这课本出版不过数月，而销售之多已达二万余册，各界这样地欢迎，实出乎我们意料之外。一册、二册已再版、三版了。每再版一次，必经委员会同仁，根据学理及各校实地的经验，逐课研究后，方才付印。随时我们亦将字课分送各处热心教育的专家，征求他们的意见，以期渐达精善适用的地步。

（乙）合作

做了研究的工夫，造就了工具，第二件的急务，就是做提倡的功夫来推行这工具，如我们不大加提倡，那不知何年何日，我们才能实现教育普及的大梦！惟做此种群众教育的事，非一个学校、一个机关、一个阶级的人，单独做得到的。此种教育，是大家的，是全社会的。能出钱的出钱，能出力的出力，无分阶级，无分贫富，群策群力地执着教育普及的旗帜，奔走呼号，坚持到底，先城市而后乡村。我们因为有了这种志愿和抱负，乃根据各地实验的结果，拟有提倡的办法，名“全城平民教育运动计划”，附在末后，以供大家参考。

（丙）长沙实验

有了工具，又有了办法，但此不过纸上谈兵而已。如无相当的实验，工具与办法，有否实际的价值，是不得而知的。因此我们先选定湖南长沙来做我们一个教育试验场，首由该处青年会发起，联络各界人士，做一个全城平民教育大运动。目的在引起全城人民的热忱，通力合作地来实验一个全城教育运动的方法，以达到全城男女人人识字的最后目的。着手再招集一千目不识丁的人，聘请一百有经验的教员，看于四月内每日一时半（星期休课，四月共一百九十九时），能否读完《平民千字课》。兹将运动的大概略述如左：

（一）组织 总委办共七十人，由城中各界所公推。当选者皆城中有声望而热心平民教育的人。副委办各五人，担任（A）经济,（B）地点,（C）教习,（D）学生,（E）新闻各委办。各负专责，分道进行。

（二）鼓吹 有了这样分道进行的组织，然对于提醒人民的觉悟，引起人民的注意上，又不能不有种举动，因此，有以下的种种：

（A）全城遍贴画张数千份，如“对症发药”“举国皆瞎”等等描摹不识字的苦及教育的急要，以醒眉目。

（B）省政府告示几百张，同图画并贴城中，劝告家庭有不识字的子女的和店铺有不识字的学徒，均来校读书。

（C）本城各中学及中学以上的学生同军乐队，分段发送二万六千余份劝学传单。

（D）分段召集店主大会，先给他们看看影戏娱乐娱乐，然后对他们演讲“工人教育的急要”，希望得他们的赞同，送学徒来校读书。

（E）召集全城各界大会一次，由省长主持。

（F）各中学及中学以上的学生，到各街道分队演讲，一面演说教育的紧要，一面报告新运动的办法。

（G）全城举行游街大会一次（由各校学生组成），人人手持旗帜或灯笼上面写着“不识字就是瞎子”“你的学徒是瞎子吗？”“忍看同胞都瞎眼吗？”“救中国的根本方法，是平民教育”等警语。

（三）招集（A）学生，招集学生的办法，是先将长沙全城划为七十二学段，每段派训练过的学生（中学师范、高等大学各校的代表）劝学队，各一队，手握报名单和别的印刷物，在各段按户劝学。三日后，共得一千三百余人。（B）教习，是由教习委办，一面个人接洽，一面在各校开招募会，共得教习八十人，他们都是师范毕业而有三四年教学经验的，每星期授课六次，每次一点半钟，不受薪水，不过每月收夫马费四元而已。

（四）班次的组织和监察　全城课室共八十余处，概系借公私学校、工会、商会、教会、庙宇、店铺、住宅、男青年会、女青年会等处的地点，学生共分七十余班，至于组织班次，规定课室，分派教习，系归特别委办经理。全城共分四大学区，每区由各教习公推视学一人，复由四区教职员公推主任一人以主理全城学务。各区教习每星期将每日学生数目及一星期的经过并现状报告本区视学，视学每星期亦必将下属各班的经过与现状报告主任。四区教职员，每月由主任召集开讨论会一次或二次，借以彼此交换教授及管理的经验，以谋教育改进的方法。各区学生每月由视学召集，开游艺会，或演戏剧，借以活泼学生的脑力，并鼓励求学的精神。

（五）经费　开办经费的由来有以下三种：（A）热心平民教育的个人；（B）演戏或开音乐大会，或游艺大会；（C）各公共机关如商会、教育会、工会等捐助。

（六）运动的成绩　我们是本年阳历三月中旬开班。四月后有一千二百学生，读完千字课，七月十五日行毕课试验，竟有九百六十七名考试及格。七月二十日，全城举行毕课大会，由省长发给文凭。这种成绩，实在使我们为中国平民教育前途，抱无限的希望。

此次所招的一千三百学生，他们年龄最小的是六岁，最大的是四十一岁。但是自十岁至十六岁的学生，占了全体的百分之七十二，这究竟是因什么缘故，我们不能武断。或是因为（A）他们十至十六岁求学的心较切，（B）家长要他们求学的心较切，（C）比十六岁以上的家庭担负较轻，（D）除此等平民学校外，无与他们程度及年龄相当的学校可入。据学生年龄表看来，十岁以下的人数低降，十六岁以上的亦渐减，年岁愈大，人数愈少，固然，此不过一处一次的招集，未敢一概而论；但将来在各省实验较多，我们就可根据各地经验，来规定平民学生年龄的问题。*

学生的职业，以工界为最多，其数共五百三十名；其次商界，共二百三十名；农界共五十三名；学界十一名；军警十名；医五名；乞丐二名。所填职业共五十九种，共六百四十三名，其余四百六十名，或属无职业的，或属有职业而未填的。下列的表，以中国职业无常及学生笼统的缘故，于分类上不免有些欠妥的地方，如“劳工”，如“普通生理”等。**

（七）运动的善后 （A）毕课之后，要紧的就是这些字要有一种练习，不然，过不多时，就会忘了。许多更要紧的，就是这些字要有种实际的用处，不然，无人愿学的。近来上海、汉口等处劳动界宁肯学英文，而不愿读中文，因为中文经济价值，较英文低的缘故。（B）如只教他们读书，而不为他们预备一种有价值的书去读，那不如目不识丁的好。（C）出校毕课之后，如没有一种机关来给他们一个继续读书的机会，培养他们求学的精神，那他们最好也不过做一个一知半解的国民罢了。因此我们准备根据著三册的千字，来做关于他们经济、道德、知识、社交各方面有补助的书。

---

* 原文有长沙平民学校全体学生各级年龄数目表，此处省略。

** 原文有长沙平民学校学生本身或家长各种职业一览表，此处省略。

如现在所做的平民书信、平民算法、平民卫生、平民诗歌、平民常识、平民地理问答、平民历史问答、农人须知、工艺浅说、法制说要、工人道德等书。明春还要出平民周刊一报，凡遇有千字外的生字的旁边，皆附有注音字母，以便自习。又凡举行了教育运动的地方，在一城的各处因善后起见，组织平民报社、读书室、图书馆、研究会等，以养成一班毕课的学生读书的习惯，并求学的精神。

结　论

这个平民教育新运动，发起未久，而成绩亦稍有可观。谅各热心教育的同志，自当以为欣喜。但是草创伊始，工具和办法，两者都在试验时期，未肆完善。深望各省教育家惠赐教言，匡我不逮。并将计划中有可采取者，力为提倡并推广，那不但是同仁当感激的。现后有请同仁，明春到北京、天津、奉天、吉林、汉口、杭州、成都等处去，照长沙的经验，提倡全城的教育运动。一二年后，在各城的运动，于学理上、办法上，有了实地的经验，或能造出一种全国平民教育的学制。十年之内，我国教育普及的目的，我想是可以达得到的了。

（选自《平民教育新运动》）

举办平民教育的几种要素

晏阳初

有关在长沙、嘉兴举办平民教育经过情形，敝人昨晚曾经说其大概，今天只说办平民教育的几种要素。这几种要素说是原则亦未尝不可。兹列举如下：

一、须知群众心理。吾人须知举办平民教育，乃是大多数人的教育，欲此大多数的人都来从事学习，非先懂得他的心理不可，懂得了群众心理，然后才设法怎样地激发他们来学。

二、关于组织上的。属于组织方面，又可分几项讨论：

招生。要用什么方法招生，然后不致发生困难?

（一）鼓动曾受教育者。欲招普通的平民来受教育，若仅恃文字上的广告，是不发生效力的。故最好的方法，是给那些曾受教育的一些画片，并看幻灯上有教育价值的影片，使他们感受教育之需要，始肯让未曾受教育的人来学。

（二）开全城大会。择日聚集全城公民，将此项计划当众报告，并执旗游街，使智愚老少都知受教育之重要。

（三）开老板、掌柜大会。中国小店中的学徒，当老板或掌柜的，是不肯让他们出外学习的，应聚集他们，晓以教育之重要，并使看电影听演说与戏曲，使知学徒之责任，让其暇时出外学习。

（四）组织学生讲演团。即敦请现在在校学生，于暇时出外分团讲演，劝普通平民速来就学。

三、设备上的适当。既用种种方法，可得许多的平民来学，但须使他们能长久的学生，要不中途废辍，故设备上有几点要注意：

（一）教习要好。教授这些平民，须择经验宏富的人来充当教习，当教习的须懂平民心理，并且友爱温和，又宜视平民如自己的子侄弟妹一样。

（二）课本适当。所编课本，宜适于平民生活，又易念读，且极富有兴趣的为最宜。

（三）月考后开游艺大会。关于此点又有几种要件：

1. 请名人发给奖品予优等学生，以资鼓励，而昭郑重。

2. 发奖品及凭照时，宜邀请学生家族参观。

3. 让学生自己游艺，表演艺术。

像此种游艺大会，每月举行一次，极能提起学生之精神与学生家族之兴趣。但有不至一月，即行辍废者，亦有办法可设，即学生于第一次考试后，若有认识二百字的成绩，即给以有二百字成绩的徽章，第二次五百字的徽章，第三次七百五十字的徽章，第四次一千字的徽章。各徽颜色以五色国旗颜色志之，即毕业时能认识一千字者，遂有五色国旗颜色的徽章，此亦即表示其有当中华民国国民资格的意思。至敝人在嘉兴的办法，亦可略略叙述。即在该地中学校敦请六十名学生做视察工作，在此六十名中，又分成甲、乙、丙、丁四组，分时指导或当教习。每名学生于每礼拜中出来一次，多在晚间七时半至九时担任教授或指导，共计每月亦不过四次。且除此外又加以幻灯的辅助，这系有校址的地方的情形系如此。至于无校址的，则分成二十人为一组，或三十人为一组，此二十人一组或三十人一组中，定有聪明俊秀的学生。又择此聪明俊秀的，来担任指导，或教愚笨点的，故结果收效极大。此敝人以前举办平民教育之经过一切情形。至于以后外国之实行平民教育，我们须知此项事业，不仅是中华民国的教育事业，且系全人类四分之一的平民教育事业，我们此后须抱着如孟子所说“富贵不能淫，贫贱不能移，威武不能屈”的精神做去。我更希望明年中华教育改进社开年会时，能将各省实施平民教育的成绩报告出来，实为中国教育前途之幸。

（本文系 1928 年 8 月 22 日在第一次平民教育会议上的讲话）

平民教育的意义

晏阳初

（一）平民信条

人的人格本来平等，原无上下高低之分；因为社会制度不良，一部分人得有受教育的机会，一部分人没有受教育的机会，于是各人的学问、德行显出不同，而人格的上下高低亦即由是而判别。吾人在社会组织未经改良之前，惟有努力于教育机会的平等，使人人所蕴蓄的无限能力都有发展的机会。这样，人格不平等的原因就可以消除了。

（二）平民界说

现在全国只有最少数的人民得受教育，其余最多数的人民全没有教育。依中华教育改进社的调查统计，不识字的人民占全国总数百分之八十以上，就是全国四万万人中有三万万二千万不识字的人。其中有一部分是六岁至十二岁的学龄儿童，虽不能得其概数，但依欧美各国的统计，学龄儿童约占人口总数五分之一，所以现在国内至少有七千万的失学儿童。这种学龄儿童应受国家的义务教育；假使政治上了轨道，还有受教育的机会。其余二万万以上的青年和成人，政府对于他们不负责任，社会对于他们没法补救，真是不幸极了。所以应受平民教育的平民，从狭义讲，就是指导这一班失学的青年和成人；从广义讲，就是一班粗通文字没有常识的男女，也应包括在内。

（三）平民教育

平民教育的目的是教人做人。做什么人？做“整个的人”。什么叫做“整个的人”？第一要有知识力，第二要有生产力，第三要有公德心。要造就整个的人，须有三种教育：

（甲）文字教育——民智　就我国人对于读书的观念来说，常有一种根本误谬的观念，以为读书是读书人的专业，其他的人可不必读书。士农工商之中，惟士可以读书；若农，若工商，就不必读书。所以现在除商人需要文字，尚有一部分读书以外，其余农民、工人几乎全数都是不识字的。我们应先将此种观念根本推翻，使人人觉悟读书识字是人类共有的权利，无论什么人都应享受。若是只有一小部分人读书，最大多数愚蠢，必致产生许多痛苦和羞耻的事。就我国的新文化运动来说，所谓新文化运动，都是少数学者的笔墨运动，和多数平民真是风马牛不相及。其中虽亦有关于改进平民生活，免除平民压迫的问题，然而平民生活只有一天比一天堕落，各种压迫只有一天比一天加重。尽管一些研究社会学的学者在报章上对于工人有什么八小时工作制啦，增加工资啦，工人卫生和工人教育啦，对于农民又有什么打倒地主啦，保障农民利益啦，高谈阔论，说得天花乱坠，而城市的工人每天工作仍然在十五小时以上，所得工资得顾个人的口腹尚虞不足，至于教育、卫生，更是梦想不到；乡村的农民，终年忙碌，所有生产都被政府、地主剥夺净尽，自己则“乐岁终身苦，凶年不免于死亡”。像这样无知识的人，对于自己的生活没有改进的方法，对于外界的压迫没有免除的能力；社会上种种切身关系的运动，也不知道参加，岂不是“一生辛苦有谁怜！”再从人类和牛马的分别来说：牛马供人的驱使，所得不过满腹。现在的农民工人，为吃饭而劳动，为劳动而吃饭，和牛马有什么分别？与其名之为人，不如称为两腿动物。倘人类与牛马仅在两腿与四腿之争，人生还有什么意义？有什么价值？但人类无论如何，决不屑自等于牛马，皆愿享受教育以培植其知识，更愿将所得的知识分给多数的人，以消除其牛马的生活。

最后就人类生存的竞争来说，知识是生存竞争必不可少的东西，无论个人，无论国家，其优胜者，必定是知识超越的！其劣败者，必定是知识低下的。现在国家受异族的压迫，人民受军阀的摧残，其根本原因就在我国人民的平均知识低下。假使我们真有为民族争自由，为民权图发展的决心，则应先努力于提高民智，使我国牛马奴隶生活的民众一变而为有知识有头脑的国民。

文字是传播知识的工具，也是寻求知识的钥匙。欲传播知识，须先传授文字；欲得知识，必须认识文字，所以平民教育第一步必须有文字教育。

（乙）生计教育——民生　文字教育可以消除大多数的文盲。即使文盲除尽，人人能应用日常必需的文字，其与国家社会的前途究竟有什么利益？这是平民教育第一重要的问题。并且中国人还有一种最通行的毛病，在没有读书以前，尚肯做工，以谋个人的生活，一到抱了书本以后，便成文人，文人自己可以不必生产，社会应负供养的责任。还有一部分的人，终日埋头窗下，只求书本的知识，至于实际生活，尽可菽麦不分。这种寄生虫似的书呆子，不是平民教育的需求，且应极力设法消除。所以平民教育于实施文字教育以外，即需有生计教育，使人人具备生产的技能，造成能自立的国民。倘全国人民均有生产能力，国民生计必皆富足，社会经济自给活动，就是将来世界的经济也都要受中国的影响了。

（丙）公民教育——民德　平民教育从文字方面以提高民智，从生产方面以裕民生。即使民智提高，民生充裕，对于国家社会的前途究竟有什么利益？这是平民教育第二重要的问题。试看历来的卖国奴，何一非知识超越、经济富足的人呢？盖其人缺乏公德心，一举一动，只知有自己的祸福利害，不顾国家社会的祸福利害；所有知识、经济，只足以供其为恶之资，所作之恶，常比无知识无能力者高出万倍。倘平民教育处处都是养成这种自私自利的亡国奴，岂是国家之福？所以平民教育于实施文字教育和生计教育外，另有公民教育，希望造成热诚奉公的公民。

总之，平民教育是养成有知识、有生产力和公德心的整个人。

（选自晏阳初《平民教育概论》）

平民教育的真义

晏阳初

今晚鄙人有至好机会与诸位先生讲述平民教育，至为荣幸。我想诸位先生对于平民教育甚有研究。自五四以后，全国都有义务学校、半夜学校、补习学校。这些学校都带有平民教育的性质。今晚我将我几年来对于平民教育的微微研究，向诸位先生讲述，请诸位指教指教。一国的程度就看国民的程度。自一九一七至一九一八年，华工到法国服务有二十多万人，其中差不多有百分之九十是目不识丁的。他们在那里做出许多有失国礼的事，例如，在火车上食花生，弄得满地皆皮；车上吐口水；法人风俗，男女携手而行，华工指而笑之之类。法人初未见中国人的，便把这些华工当作中国人，彼此相告说："哦！这就是华人！"他们就是拿些未受教育的人去代表中国。中国程度与对于中国的态度，全以此为标准。中国人见黄发虬髯的，即称为外国人。华人至美做小工的，洗衣的，也被美人看为是代表中国人。其实上流社会的人，才能代表中国。但是上流人不往外去；因为这些人不往外去，往外国去的多是下流，所以代表中国的就是此辈。鄙人到法，乃知所谓真正的中国。从前我以大学生自豪，那时往来无白丁。中国是怎样，自己以为知道。那时拿少数大学生代表中国，而不知有平民。中国贫苦，但是怎样的穷苦；我国人无知识，但是无知识是到什么地步，我们知道不知道？中国人必知中国，然后能救中国。兄弟有一特殊机会到法国去，与平民接近。诸君要知道“民为邦本”的古训，平民是代表我国家，可是人民居下流的有百分之八十。我国文化发达最早，物产最丰富，人口最多，但是现在三等国也占不到，现在弄成无等了，弄成下流的国去了。我们想把中国弄成上流，非我们具有牺牲的精神、服务的精神去提高下流的程度不可。否则缘木求鱼，必不可得。我在法有人对我说：“你知小中国在法国，但你须知大中国是在中国。你仅知在法一部分的华工，不要忘了其余大多数的国民。”我当时听见这话，受了无穷的感触。我能力一点没有，但是我愿意鞠躬尽瘁去做这桩事。做这事先要调查，先看病症如何然后发药。因此我游历十九省，调查各省平民教育现状如何，将来希望如何。从前兄弟回到四川巴州，看那里高小设有两个义务学校，可知青年对于义务教育之热心。但是招牌挂得很好，成绩甚少。开始有许多人，到后来就无人了。其失败的原因有三：（一）即教员无经验。教目不识丁的比教大学生难得多。办的人都是学校的青年。他们无经验，无时间，所以失败。（二）即无好课本。办平民学校不能拿几年的国文课本去教的。但是他们拿高小的课本去教。（三）即无组织。彼此所办的不相联络，无经验上之交换，不明白优劣之点。像这样是很难奏效的。今欲补救，有两要件：第一要件，即有教育的工具。工欲善其事，必先利其器。平民教育的工具即好课本。工具应按照两原则：（一）即在最短时间得最多知识。因平民在衣食上奔走，无时读书，必须于最短时间得最多知识。（二）所学即所用，所用即所学。五年前我对此稍有研究。课本根据应用之字，毕业之后又修改之。一方根据教育原理，一方根据经验。陈鹤琴先生归国，以科学方法将古今白话文字搜集，逐字统计，看字之次数，以定其通用程度，共得三千多字。与我在法研究结果相较，千字中相通的，有八百多字。一方根据经验，一方用科学方法去研究。据研究结果，知道“的”一个字最通用。将这些字编为《平民千字课》，拿这些生字编成课文，都是平民应用的知识。第二要件，即推行的方法。有了工具就要想推行。其法即将热心平民教育的人，集合起来进行。因为这事非一人所能办的，要全城热心的人群策群力，实行全城平民教育大运动。比如在北京办，不是拿到哪个机关去办，是要把全城热心平民教育的人召集起来，组织全城平民教育委员总会。内中又分各委员会，分头执行。工具有了，方法有了，但不知适用与否，所以先要实验。此运动发动在上海，但上海不能代表中国，所以要找一个能代表中国多数城市的地方实验。因此找到长沙。我去年二月去，三月开学。其办法即召集各界开全城大会，组织委员会。委员七十多人，分五委员会，即经济、教员、学生、公布、校舍五委员会。分全城为五十二队劝学所，以十五岁以上学生组织之，每队四人，分队进行。初招一千人，在一百班，读一千字。三日之内，共得学生一千九百余人，男的有一千四百人。教员得一百二十人，男的有八十人，女的有四十人。地点有七十多处，在学校、公会、庙宇等。教员系纯尽义务，每月数元夫马津贴。每晚教二小时，星期日不教，共九十二次，读一千字之课。三月十五号开课，七月十五号举行毕业试验。上课的学生共有一千三百人，应考的有一千二百人，考取的有九百六十人（男生）。由省长发文凭。其目的为使全城的人识字。去年九月，长沙又招二千学生，有一千毕业。现仍继续进行。这学生的年龄从九岁起到四十二岁，百分之八十是十五岁到二十岁。这一千多的学生的职业共有五十六种。

我除了到中央城市而外，又到山东烟台。一切仍如长沙的办法。共召集二千余学生，其中男的有一千六百人，女的有六百人。为期也是四个月。从三月起到八月一日行毕业试验。今晚的影片就是烟台平民教育的状况。他们的年龄是七岁到六十七岁，大多数是十五岁至二十五岁，多数为工人。这是华北的平民教育运动。诸位恐怕要发生两个疑问。在大城市办是容易的，但是小城市与乡间识字人少，能教的又少，而且经费又不足，将如之何？所以要收好结果，就要教者少而被教者多。因此我想及在法国可用幻灯教授，或者我们也可以用之于中国。在浙江嘉兴，我们试办幻灯教授，一个教员可教二百学生。中国人不识字的，相聚时每好谈话，若用幻灯，则可使他们集中注意。用幻灯教授，有两原则：（一）引起兴味。（二）给学生甚多的影响。在用课本之前，先用图画。课本分三层。即图、课、字。图为已知，课字为未知，故合原理。此种教法有许多益处。第一，即在图画之能引起兴味。又幻灯白布上的字甚大，人所得的知识，百分之八十五是自目入，所以影响大。如使学生口念，则目能受影响。幻灯之后，叫学生习字，又受一种影响。有眼、耳、喉、手、口五种影响，则无不能学的人。我相信天下无不可教的人，现在已稍有成绩，还正在推行试验。故三年中重行试验，研究如何可有科学的平民教育。现在平民教育稍有成绩。如熊夫人（朱其慧）、陶先生（行知），皆有研究。一方研究，一方推行。一方根据研究态度，一方推行城乡。不数年之后，必可使全国人民都能识字。

末后有一句话，现在中国闹到怎样状况，我们不可不研究。研究之后我们不可不去实行。现在中国害了三种病，即瞎、聋、哑。国民大部分不识字，不能读书报，非瞎而何？不受教育的不知社会情形，所以有耳也等于无耳，非聋而何？社会弄到这样，发言的是何人，大多数是不作声的，非哑而何？别人还说我们又老，这样的国家何以能造成国家？现在的万灵丹就是在读书识字。现在的一线希望，即古风犹在，人人都承认读书是好。这是中国的救星，我们应该保存。若过十年，旧道德推翻，则难救了。吾人若趁此时设法，那聋、瞎、哑的三种病还可愈。这个责任完全在教育界，望诸君回省，多在平民教育做功夫。既称为同胞，则当视平民如兄弟，他们不识字，我们要引以为可耻。有一未受教育者，即教育者的责任。否则不堪设想。中国有三万万二千万人不算得是国民。美国一万万人，人人都是国民。所以从事平民教育，我们当义不容辞。最后我向诸君下一个“哀的美敦书”：凡社员当立志必于五年内使中国人人能识字。否则主权旁落了。八千万当中，除了老的四千万，小儿二千万，不愿做教育事业的二千万外，仅有两百万人可做此事。此中一人担任一百六十人，一人教二十学生。四年其责可尽。四年内教育可望普及。故此“哀的美敦书”并非武断。事在人为，抱了拼命进取的精神，则敢说五年以内必能普及。否则不特没有民国，并且没有国民。

我希望明年年会，至少有一百万平民能识字，各位来报告成绩。中国不必亡，亡不亡全在教育界。教育界可以支配中国，支配前途，改造社会，有史可征。事在人为，望诸君勉力，兄弟也勉力。

（选自《平民教育》）

平民教育与义务教育均不可偏废

有许多人以为“平民教育”是代替“义务教育”的，还有许多人以为“平民教育”是与“义务教育”冲突的。其实“平民教育”既不能代替“义务教育”，也不与“义务教育”有什么冲突。

就受教者的年龄来说，全国六岁以上十四岁以下的学龄儿童，是应受义务教育的，其最小限度亦需四年，六岁到十岁。其余十四岁或十岁以上未受教育的人，估计总数约在二百兆以上，是应受“平民教育”的。不过在城市中，“义务教育”已有相当的设施，所以城市平民学校所收的学生应在十四岁以上。但在乡村中，六岁至十岁之最小限度的“义务教育”都未实行，故乡村平民学校中，不能不暂时兼收十岁至十四岁的学龄儿童。再就教材来说，“平民教育”的教材，多关于青年与成人在社会上的种种活动，注重适合青年及成人的心理，采取混合编制法。“义务教育”则不然，教材多关于儿童的种种活动，注重适合儿童的心理，采取分科制度。其他如教育年限等等亦各不相同。总而言之，“平民教育”和“义务教育”，各有特殊的目标和方法，不相雷同，亦不能偏废，更不能说谁代替谁。

至于说到冲突，这简直是笑话，“平民教育”不仅和“义务教育”不相冲突，还能补助“义务教育”呢！为什么？有道理：

第一，父兄们自己没有受过教育，就很难知道教育的重要，也更不注意他们子弟去受教育。倘若他们受过“平民教育”，固然不能得到很多的知识，但至少能叫他们觉悟教育的重要，和不识字的吃亏；更进而推想子弟们不受教育的痛苦，自然而然肯踊跃叫他们去读书了。抑或没有义务教育可进，他们也要自动地想法子了。可是，现在呢，一般做父母兄长的，多未受过教育，就是有了义务学校，恐怕他们也不肯送子女弟妹们去上学，宁肯留在家里看小孩子或放牛呢。由此说来，要想“义务教育”发达，先要提倡“平民教育”。“平民教育”实是“义务教育”的先锋。

第二，学校固然是教育儿童最重要的地方，但是家庭里的生活，关系儿童的发展更形密切。故家庭教育，更觉重要。家长的一举一动，对于儿童的影响，既深且大，所以没有受过教育的父母兄长，很难同学校合作。譬如在学校里，先生讲授卫生，说“随地吐痰”如何危险，如何不合卫生，该应怎样养成不随地吐的习惯，学生都完全明白了，但是一回到家，看见父亲随地乱吐，母亲也随地乱吐，自己也不知不觉跟父亲母亲乱吐起来了。又如学校里讲公民教育，有一项是“不要骂人”，说得学生明白这实是一种恶习惯，要努力克服改正；孰知一跑回家，不是听见父亲骂母亲，就是母亲骂他们自己，或者母亲和邻居相骂，骂忘了形也把他们夹在里面骂起来了。在学校里听得的一点好教训，就无形中在家里打消了。在这种情形之下，纵使“义务教育”实行全国，若无“平民教育”来先教义务学校里学生的父母兄长，“义务教育”的效力一定是事倍功半的。

第三，除上述两项而外，“平民教育”又是促进“义务教育”实现的，因为在一个地方，从事“平民教育”运动，一定要联络当地教育界和其他各界人士，与之合作，做大规模的游行宣传，大规模的招生，大规模的训练教师，大规模的办几十处或几百处平民学校，这样一来，这个地方上教育的空气一定要很浓厚了。教育的空气既浓厚，其他教育也一定要连带受影响、受刺激的。何况“义务教育”原与“平民教育”有互相的关系，更不能不受“平民教育”的影响了。据我们这几年办理“平民教育”的经过看来，因受了“平民教育”的影响，而振兴“义务教育”及其他教育的，比比皆是。

（选自晏阳初《平民教育的真义》）

“平民教育”并不仅是千字课

“平民教育”的工作大概可以分为两步。第一步是“识字教育”，第二步是“继续教育”。有些人说“平民教育”就是千字课，或千字课就是“平民教育”，这实在是大误会而特误会。

先说第一步“识字教育”，要想设施一种教育，识字是必需的基本工具。但我国字繁而且难，故不能不选出最常用的字，去教一般已过学龄期限失学的人，以求速效。现在用的千字课，就是“初步平民教育”的一种工具，它的目标有三种：（1）认识千余个基本汉字；（2）输入这千余汉字所能代表的常识；（3）引起读书的兴趣。这第三个目标“引起读书的兴趣”尤其重要。读完千字课，决不能就算毕了业，平民教育的事功，也决不是教完千字课就算全部完成了。况且千字课既不是万应灵丹，也不是百科全书，这是更要大家明白的。

现在人们对于千字课的批评分两派：一是瞧得起千字课的，把千字课看得太高了，不是说千字课里没有科学常识，就是说千字课中缺少公民教材；一派是瞧不起千字课的，把千字课看得太低了，说：教千字课，谈不上教育两个字。其实这都是不明了千字课的目标，或误解千字课为百科全书的结果。

“识字教育”的工作完成之后，就要谈到“继续教育”了。“继续教育”的目标也有三种：

（一）养成自读、自习、自教的能力。

（二）灌输公民常识，培养中华国民应有的精神和态度。

（三）实施生计教育，补助、指导、改善平民的生活。在城市中如关于工业、工艺等，在乡村里如关于农业、农艺等是。那么，怎样才能达到上面说的三种目标呢？这就有下面的三种方法：

（甲）关于普通方面的

（1）平民补充读物 我国妇女以及农工商贾等，除大街小巷卖的唱本小说外，均无可读之书。著作家及出版者也决不为他们特别编辑、印刷可读之书。在这些人中，不识字的固不能读书，已识字的又苦无书可读，所以编辑一些有价值的、浅显的、平民能够欣赏的补充读物，实为当务之急。这种补充读物，可以印成小丛书、戏剧、小说、诗歌等，或编为定期刊物（如中华平民教育促进会总会出版之《新民》《农民》，南京平民教育促进会出版之《平民旬报》等是。）内容应无所不包：如关于文化的，关于生计的，以及其他种种学科等是。这些补充读物，有可以在平民学校里抽出几分的功夫来讲授的，有可以让他们自己去读的。

（2）平民阅报室 平民阅报室是各地平民教育促进会与当地人士为平校毕业生设立的。一般平民，大都受经济的压迫，实无余钱买多量的书报来参考，若有了公开的平民阅报室，则可以随时尽量阅读了。

（3）平民读书团 读书团是由平民教育促进会干事去辅助指导的，它的功用在互相质疑，互相研究，而且互相交换阅读各人所有的书，这又是很经济的。

（4）平民校友会 现在各地平民学校的毕业生，已自动地组织了许多平民校友会，其目的有三：（一）继续研究学问；（二）彼此联络感情；（三）共同做有组织的社会活动及公益事业。如举行国耻纪念、拒毒运动、卫生运动等是。各地校友会的人数，多则数千，少亦有数百人的。

（乙）关于学校方面的

（1）高级平民学校　在初级平民学校毕业后，倘若有志继续研究，就可入高级平民学校，高级平民与初级平民学校的组织大略相同，惟特别注重“公民教育”及做人应有的常识。

（2）平民奖学金　高级平民学校毕业生中，如有成绩优异而有志升学的青年，就设法送他们到正式学校里去继续读书，对于贫寒有志的学生，则助以奖学金，这种“奖学金”的办法，有由学校免学膳宿费的，有由平民教育促进会另行筹款津贴的。现在由平民学校转入正式学校的学生，城市、乡村都很不少。盖如此，则有天才的人，不致湮没；且可鼓励后来的人努力。

（丙）关于生计方面的

（一）在乡村里，如办：（1）农家改进社，（2）农事表证场等，以改进农民的生活及改良我们中国固有的农艺。

（二）在城市中，如办：（1）平民银行，（2）平民工厂，以改进我们中国固有的工艺。

总之，在我们中国今日情形之下，最注重的是根据我国一般平民生活程度、经济能力的大小，去一面研究，一面试验，来改进我国固有的农艺、工艺，方适应今日平民的需要，方有改进平民生计的可能。若徒高谈外国的法门，照样画葫芦地去办，一定是有弊无利的。

（选自晏阳初《平民教育的真义》）

平民教育不分贫富贵贱

还有一种很普通的误会，就是把“平民教育”当作“贫民教育”，或如从前一般人办的平民教育，或如现在各学校附设的平民：学校一类的教育。其实，“平民教育”之受教者，是不分贫富贵贱的，决不限于贫民。至于从前一般人办的平民教育或如现在各学校附设的平民学校一类的教育，也大都是“贫民教育”，不是“平民教育”，兹将其分别之点，分三项述之：

（一）“贫民教育”是附带的。办这种教育的多属学校学生，于读书之余，抽暇从事于此的。若“平民教育”则关系我国二百兆平民的大问题，实如美国教育家所说“中国的平民教育是自有人类以来最大的教育运动”；而且我国“平民教育”是世界上的特殊教育问题，是东洋、西洋所没有的，要想抄袭，绝不可能。所以像这样重大问题，非专门研究、专门去办不可，不过研究出来的东西，亦非有各界人士与提倡“平民教育”的人去合作实施不可。

（二）“贫民教育”是慈善性质的。贫民学校所收的学生，贫家子弟十居八九。而且办这种教育的动机，也就是以慈善为怀的。至于“平民教育”却是正宗的教育事业，和高等教育、普通教育是一样重要的。但在今日的中国，“平民教育”实较其他教育还来得重要。凡是中华民国国民，无论男女贫富，只要他是在应受教育期限内而未受教育的，或受过基本教育而缺乏公民常识的，都在“平民教育”范围之内。受“平民教育”的固有一大部分贫民，但“平民教育”却不单限于贫民。总之“平民教育”是以教育程度来定范围的，不是以经济能力来区分的。

（三）“贫民教育”是零碎的。“贫民教育”既是附带的，又是慈善性质的，所以办这种教育的是东一个西一个，彼此毫无联络，更无制度、无系统。“平民教育”则不然，是有组织、有系统的，北京有中华平民教育促进会总会，各省区有省分会、市分会、县分会、村分会。北京总会的组织分总务、城市、乡村、华侨四部，又复分科研究，如平民文学科、研究调查科、视导训练科、公民教育科、生计教育科、妇女教育科、健康教育科等是。在关于“平民教育”的学制方面，目前正在研究与试验期间，大约分为第一级平民学校、第二级平民学校以及继续教育等等。

或者有人要说像这种重大的事业，不应该由人民来办，应由政府去办，这话倒也不错。不过现在七千万失学的学龄儿童，政府都还没有地方给他们读书，怎能谈到二百兆失学的青年与成人的身上呢？因此，我们的能力虽然薄弱，却不能不努力的。

（选自晏阳初《平民教育的真义》）

中华平民教育促进会宣言

晏阳初

建立普及教育的基础。

花六十块钱，可以使一百人受基本的平民教育。花六百块钱，可以使一千人受基本的平民教育。

解决生计，消乱机，奠定国本。

爱国者所应注意，即爱己者所应注意！

古人说："民为邦本。"一个共和国的基础巩固不巩固，全看国民有知识没有。国民如果受过相当的教育，能够和衷共济，努力为国家负责，国基一定巩固。如果国民全未受过教育，空空挂了一块民国的招牌，是不中用的。请大家仔细想想，现在中华民国的国民到底有多少人是受相当的教育的。倘使大多数的人还一字不识，民国的基础能够巩固吗？现在国内乱机四伏，工商业不能发达，推其原因，皆缘多数国民未受相当的教育，无职业知识以维持生活。不幸者，即流为盗匪。同属人类，苟非全无知识，谁肯轻易牺牲，倘使人人识字读书，有了做国民的常识，自然不致做那危及生命的事业。大家勤勤恳恳谋生做事，各种乱源也就消弭于无形了。所以我们如想挽救全国不安的景象，除了设法把平民教育推行全国之外，绝无第二个好方法。照“中华教育改进社”估计，中国人有百分之八十不能识字，就是全国四万万人中间有三万万二千万个不识字的人，这些不识字的人里面，至少有一万万是十二岁至二十五岁的人。我们现在想方设法使这一万万人，在极短的时期内，受一点相当的教育。这些青年，大半都靠做工吃饭的，每天很忙，没有许多时间可以读书，我们只能希望他们在百忙中每天能抽一点钟工夫来受四个月的平民教育。现在民穷财困，我们兴办这种平民教育，一切经费必须省之又省，用最少的钱，使他们受最多的教育，照我们现在因陋就简的计划，每个学生身上只需花费六角钱，可以使他们受四个月的教育了。所以有六块钱，可以使十人受教育，花六十块钱，可以使一百人受教育。只要有人愿担负教育二百人的经费（即一百二十元），本会即可负责为之开办学堂一所，实施四个月基本教育。这四个月的教育，我们把它当作平民教育的第一期。所教的功课，是一千个基础字，依着国语的文法，教育心理的原则，共和国民所需用的知识，编成九十六课。使学生每天学一课，于四个月中间，得着共和国民所必不可少的基本教育。“中国青年会协会”曾在长沙、烟台、嘉兴三处，做过小规模的实地试验。我们实地考察所得结果，很觉满意。所以现组织“中华平民教育促进会”，预备把这种教育切实推行全国。这种教育所用工具有两种：（一）课本；（二）影片。影片是依据课本制造，共分三套：第一套是彩色画片，是用图画表现课文中所述的事体，叫学生把画中情节口述出来，然后再用第二套影片，就是把课文的本身写在玻璃片上，照出来，引导学生认识方才自己口述的文字。他们看了彩色画片，口里所说的话，现在用眼睛去认识它们。第三套课片，是一个个的文字，每个字从幻灯里照出来，射在墙上，比原底子放大了好几百倍，教学生同时看、同时听、同时念、同时写，精神专注，学习是很容易的。我们现在请了许多专门研究哲学、美术、国语、教育的人，合组编辑部，积极进行，等课本编成，影片制好之后，还要编辑教师指南，并用所教一千字作基础，来编各种平民丛书、杂志、报章，使平民能利用既得之工具，继续增进学识与技能。我们现在力量有限，想先在南京、北京试办，然后再逐渐推行各省。很希望国内同志大家出来帮助，使我们的试验能够收效，并且希望大家能够在各地方分头作同样的实验。

（选自《中华平民教育促进会宣言》）

平教会的历史回顾与经验总结

晏阳初

平教运动经过十五年的奋斗，与同时并起的教育、文化、经济、宗教各团体或政党比较，我们不能算成功，因为离我们要达到的最后目标还远，但是我们经过了千灾百难，今天还能蓬蓬勃勃地在这里干，也不能说我们是失败。我们十五年如一日地维持到今天，手无寸铁，反而因为抗战建国，我们的工作愈增展其重要性，这不外下列几个原因：

（一）平教运动有它的核心，能团结，有计划。这么多年经过多少政治风波、社会变革，而平教运动一丝一毫不受摇动，就是因为它的重心非常稳固，分子的团结，非常紧密，会中同志同道的人，无论怎样困难，始终是精神一贯。因为有核心，所以能应付一切困难。不过仅仅团结还是不够，团结不是成功的唯一要素，团结以后还要有目标、有策略、有手段。狡猾的政客，以邻为壑，不择手段，即使事成，被人唾骂；忠厚长者，悲天悯人，没有策略，只知鞠躬尽瘁，结果是死而后已，亦于当时无补。平教运动，十五年来，抱定目标，所有同仁，没有一个人变过节，共以威武不屈、贫贱不移、富贵不淫为勉励，这种精神是不容易有的。同时，我们有策略、有手段、有计划。十五年来，我们的工作计划，虽不一定完善，但也不能算太坏，终能因应机宜，灵活应用，故得向前迈进。

（二）运动本身有了核心，仍不能不有其他种种的援助。不过要先有了前一项的条件，而后才能得到别方面的援助。中国人有一种最不好的心理，自己不下苦功夫，一举手一投足就想获得同情、取得赞助，天下哪有这样容易的事，只有卖油条烧饼的才是，热炒热卖，随时脱手，这种心理可以叫它做油条心理。“少劳多获”“小劳而大获”“短劳而久获”，这种心理非常普遍。平教运动绝对以此为戒，我们常是用了十分的力量，得到五分的帮助，所得虽不相称，但对于平教运动非常有益。第一次得到的援助是民国十四年出席檀香山的太平洋国民会议，第二次民国十七年到美国去讲学，得到了不少国际的同情。在国内，我们这种运动，一大部分人不反对，有一小部分人十四五年来时常找我们去帮忙，因此结识了好些军事政治界的同志，其中的一部分对于平教运动，有深刻的认识。

（三）平教运动始终没有停止过自己的工作。一个运动要能够有继续不断的生命，非自己“动”不可；如果到了某一阶段，自己的工作不能继续下去，它的生命，就是最危险的时候。虽自卢沟桥事变到现在，天天帮助军事政治方面的朋友促成抗战建国的事业，而我们一向仍有自己的工作，这一点各位要特别注意。已往八九年，我们在定县曾以全副精神从事于基层工作的研究，到了今天，国家民族临到了生死存亡的关头，如果我们还是关上大门在定县、在衡山、在新都，不问外事，这种团体，有它不嫌多，无它不嫌少，与民族前途不发生关系，不参加这救亡的大运动，就可以证明平教运动不成一个东西，没有生命。记得去年卢沟桥事变发生不久，最高国防参议会在南京开会的时候，中国这么一个大国，只有十六个代表，我是十六个人里的一个。大家早晨挟了皮包去，夜晚挟了皮包回，一星期、两星期过去，议不出一个办法来，日本鬼子却拼着命和我们速战速决。眼看着国亡无日，束手无策，大家都深自悔恨为什么不学军事，这时肩扛起枪刀，上前线去杀个痛快；偏偏我们是穿上长衫，缚鸡无力。那时，大家真觉得，救国有心，献身无路。不久，战局开展，战事延长，全民抗战，需要人人动员，而欲动员全国广大的民众，完成全民抗战的神圣任务，非实施民众组训及改革地方行政基层机构不可。这两种事，就都落到了我们身上，我们救国有了路。许多爱国青年、仁人志士，最初感觉得满腔热血，无地可溅，现在我们可以用“死”的精神去干“活”的工作。改进政治，发动全民。说来似乎很凑巧，也很偶然，也可以说我们早就是如此看法。我们十多年来朝斯夕斯所做的工作，就是如何改革县政机构，如何训练民众的两大问题。多数人到现在才感觉的问题，以为抗战建国非从事这两大工作不可，而我们早就注意到。实际说起来，战时固然需要改革政治，训练民众，平时一样是需要。非把这两大问题解决，民族不能有生命。我们自己的研究工作，就是希望对于这两大问题有一点贡献。十多年来，从未停止，所以今天有参加抗战建国大工作的机会。

以上三点，就是本会所以能维持到今天的理由。到了十五年后的今天，愈觉得这三种元素的重要性。一个人到了自己的生辰，回想起来，总觉得岁月蹉跎，满腔悔恨，独平教运动在今天，就它的成功与失败两相权衡，可以告慰的地方稍多，这是最令人兴奋的事，足以增加新的勇气，作更深一层的努力。

今后的平教运动应当努力的事，现在可以说一说。这是十多年来天天想做而还没有做而又非做不可的工作。民国二十三年在北平北海开年会的时候，就说到平教运动应该培植人才，应该创立一个正式的大学或是书院、学院，不是短期的附带的训练，因为有了人才，推广才有办法。十几年来，本会虽办过多种训练，但没有作为正宗的主要工作看待，也从没有得到一次满意成绩，今后要特别注重。训练人才，必须要有学术的创造，把我常说的三个问题，教什么、怎样教、谁去教三方面有所创获，把内容、方法、人才构成一套。自己先有了东西然后可以教人。不过，学问这件事，要对世界有一分一厘的贡献，不是容易的事。世俗所谓新知识，实在都不免抄袭陈说，穿上新装，改头换面的地方多，真有新发现的成分少，这也是我们多年来训练未能上轨道的原因。但是又决不能长此等待下去，因循坐误。今后，我们一面要加强自己的研究，同时把多年来要办的正式的学院办起来，为改造中华民族造人才。

（选自《平教会十五周年纪念会上的讲话》）

抗战时期的三桩基本建设

晏阳初

在国难期间，最重要的，就是国防工作。说到国防工作，一般人认为基本的，就是军事准备、军事建设。这一方面，我可不说。为什么？有两个原因：第一，因为在国难时期需要军事准备、军事建设。一般人都已认为不成问题，自不必我再来说；第二，关于军事，兄弟本是外行，也无从说。因此今天要说的，乃是在国防另一方面为人家所不大注意，而是我可以说、能够说、必须说的话。现在一般人士都集中精神到军事建设，却忽略了一个很根本而且非常迫切的事情，使我感觉骨鲠在喉，不得不一吐为快。我认为在整个的国防计划之下，除了军事建设以外，更有三桩建设，非赶紧做起来不可。

第一是教育建设。教育建设这句话，诚是非常空洞，茫无边际。具体地说：小学教育、中学教育、大学教育、民众教育，都是教育，也都需要建设。可是在国难状况之下，我们须了解两桩很重要的事：第一，国防工作，应该做的事情太多，因此，我们只能拣最基本最重要的事情做；第二，在国难状况之下，时间紧迫，一切都有来不及的情势，不能不做最迫切最需要的事。教育建设，项目既多，什么是最基本最迫切的事呢？据我看来，民众教育最迫切、最基本。中国有句古语："民为邦本，本固邦宁。"人民是国家的基本，基本没有巩固，国家就不得安宁。中国有三万万以上的人不识中国文字，没有受过教育，这是中国人的莫大耻辱，是国防上莫大的危险。文字是什么？是受教育求知识的工具。人类文明和野蛮的分别，民族的兴亡盛衰，根本就在知识之有无高低。文明人识字，有求知识的工具，野蛮人没有；所以文明人的生存力、自卫力，超越了野蛮人或是无知识的人。中国现在有三万万以上的人，连最起码的求知工具都没有，度着类乎猿人时代的生活，大家想一想，在这知识竞争的今日，危险不危险？中国枉有了四千年文明，到今天还是文盲遍地，耻辱不耻辱？世界没有无知识的强国，也没有知识高深的弱者，知识高的得胜利，知识低的就非失败不可。中国有三万万以上的人，无知无识，不知国家是什么，不知国难是什么，国防是什么，还谈什么国防！仅仅靠了几百架飞机，几千万的枪炮，那不能算是国防！全国民众连国防最低限度的知识都没有，哪里够得上担当国防！现代的民族战争，不是人多人少的问题，而是民心振作与否的问题。中国三万万人无知无识，谈什么国防，谈什么总动员！我不是谈国防无须飞机枪炮，我是说飞机枪炮之外，更需要有知识、有组织、爱国家、爱民族的民众，这是一般讲国防者所不很注意而不可不注意的基本工作之一。普及民众教育，建立国防知识技能。

第二是经济建设。经济建设四个字似乎也非常空泛。报纸上常常看到它，演讲里常常听到它，究竟经济建设是什么，仍是漫无边际的含糊说法。什么是今日最低限度的最迫切的经济建设？就先要问中国的经济基础在什么地方。在北平吗？不是。在上海吗？不是。在南京吗？都不是。中国的经济基础在农村。中国人穿的衣、吃的饭、住的房子，甚至走的路，都是乡下老百姓出了力气织成、种熟、造起来的。没有了乡下人，就没有了米、麦、棉花、木料，也没有人来盖房修路。乡下人是中国的重要分子，农村经济就是国家的经济基础。现在怎么样？这里天灾，那里匪祸，老百姓苦极了，做到筋疲力尽，还是不得一饱。到处破碎颠连，生机垂绝。农村破了产，国家还得存在吗？所以在现时谈国防，非把农村经济复兴起来不可。农村经济不建立，国防就失了后方，国家势非崩溃不可！俄国在大战时候，前方的兵力不是不够，枪炮不是不精，只因为后方人民没有面包吃，闹起革命来，使前方军队不能不后退，俄皇不能不去位。这种事例多得很，一般人谈国防，只顾买飞机买大炮，忘却了要巩固国防的经济基础。经济基础在日本在英国是工业，在中国是农村。不复兴农村，谈什么国防！

第三是政治建设。政治建设这句话，也是很空洞而无边际。中国的政治基础在哪里？在中央吗？在省政府吗？不是。中央政府重要，却不是政治的基础。省政府也重要，但也不是政治的基础。政治基础在哪里？在县。县才是中国真正的政治基础。中国有二千县，四万万人生息在这二千个县里。县长治理县政，直接影响人民生活。省政府委员的张来李去，与老百姓无直接痛痒关系；中央政府的纵横改组，与老百姓无直接关系；唯有县长的更替，和老百姓关系最密切。县长好，老百姓沾光，县长坏，老百姓遭殃，县长与老百姓的关系太大了。诸位都是从乡下来，必定听到过家乡父老的话，偶尔碰到一个清官，哪一个不喜出望外！一个县长，每月的薪俸不过是二三百块钱，可是他一年要赚到几万或几十万块钱。他的钱是哪里来的，不是剥削老百姓是什么？中国的政治基础，如果那样黑暗贪污，还谈什么国防！

总结起来说：在国难状况之下，除了军事建设之外，第一要注意教育建设，具体地说，就是要建立国防的知识基础；第二要复兴农村，完成国防的经济基础；第三要改革亲民的地方政治，建立国防的政治基础。

要达到这三件建设工作，应该怎么做呢？现在就我所知道的做法，介绍给各位。这种做法不是外国书本上抄袭来的，是许多学者亲自在乡间研究实验出来的，不是空洞的理论而是实际的工作。兄弟与这个工作，有密切的关系，也有相当的心得、相当的经验。这就是中华平民教育促进会的工作。中华平民教育促进会，成立于民国十二年。这个学术团体的成立，是根据了欧洲大战时候的教育工作经验。欧战时，中国有二十万工人参加工作，那时有人从事战地华工教育，兄弟就是其中之一员。在工作里，感觉到中国的立国基础之所在以及平民教育的重要。回国后，便决心做这个工作。今天没有时间可以报告中华平民教育促进会的历史，只能把会里十五年来所研究实验的工作，简要地提出三件来说一说。

第一是民众教育。民国十一年兄弟就到长沙来做过平民教育运动，规模很大，参加的群众极多。在十五年前干平民教育、民众教育，而且是大规模地提倡，那是历史上所没有的事。平教会不仅提倡平民教育，并且还注意到三个问题，就是，民众教育应该教什么？怎样教？谁去教？第一是内容问题，第二是方法问题，第三是人才问题。因为提倡是空洞的表面的工作，没有继续性，没有实际性。一个运动，要有实际的表现，必须有内容、有方法、有人才才行。诸位都知道民众教育的主要教材是千字课，千字课便是中华平民教育促进会所研究创编。现在同性质的千字课，不知有多少种，在十五年前，却是一桩空前的事。

第二是经济建设。平教会认定中国的民众在农村，中国的经济基础也是在农村，所以在十年前，就有四十多位学者，选定了河北定县，撇了都市生活、大学生活、政治生活，自己住到乡村里去做平民教育的研究实验。农村经济的改造，是工作内容之一。现在各地都有了农村建设实验区，作多方面的实验，可见这种办法，已经是普遍的要求了。然而在十年前做这种工作，也还是空前所未有的事。

第三是县政改革，也是中华平民教育促进会所注重的工作。刚才说过，县政是政治的基础。县政向来以催科听讼为本职。县长的称职不称职，以催征赋税多少作考成。成绩好的便提升高官或另调优缺。所谓优缺，就是地方富庶，容易搜刮的县份。这种办法，无异是奖励贪污。其实催科听讼不过是县政的一端，县长只管搜刮，还有什么工夫办真正的县政。平教会同人，认为复兴民族，澄清吏治，必须改革县政，所以有办实验县的计划，衡山是平教会协助湖南省政府所办的实验县。

我介绍了国防的具体工作之后，现在要谈一谈谁去做这个工作。我说，做这个工作的人应当就是全国的学生，就是各位。中国成千万的农村，谁去复兴？两千个县份，谁去改革？三万万以上无知无识的民众，谁去教育？这些工作，不是有知识的青年担当，谁去担当？我说应该去，不就是能够去。应该不应该是一件事，能够不能够又是一件事。我说你们应该，也希望你们能够。中国为什么有三万万以上的人不识字？为什么有四千年历史的国家，农村破产到这地步？为什么四千年来的政治，腐败到如此？就是几千年来的知识分子，没有能够去教育民众，建设农村，改革县政。诸位是中学生，已不是无知无识的民众，就应该担起这个责任来，今后中国民众教育能否普及，看青年能否去教育农民；今后中国农村能否复兴，看青年能否去建设农村；今后中国县政能否清明，看青年能否去改革县政。青年在这个时代，单是自己读书，自己受军事训练，还不够，因为还有三万万以上的民众问题没有解决。怎么样就能够做这些工作呢？第一，得把事情的本身加以分析，认识清楚。要干乡村工作，就得自己跑到乡里去，先给自己一种训练功夫，把问题认识清楚。不然，对象不明白，那就是盲干、瞎干，没有用处。第二，问题认识清楚之后，就要有恒心去做。天下的事情，没有一做就成的事，没有恒心，决做不成事业。第三，要死心塌地地去做，为事业牺牲，不达目的不止。把自己认识的问题，用持久的精神去干，自己愿意为它干到死。困难是事业必须经过的历程，许多人碰到了困难便自杀，这样的死是容易的痛快的事，可是死了事业依然没有成功，死有什么意义？最难的是把死的精神做生的工作，和困难奋斗，到死方休。

（选自《三桩基本建设——对长沙雅礼学校学生的讲话》）

开发“脑矿”，掀起平民识字热

范　超

1920年夏，晏阳初回到祖国。1922年晏发起全国的识字运动，号召“除文盲、做新民”。他选择在湖南长沙、山东烟台、浙江嘉兴、湖北武汉等地，进行平民识字教育实验。每到一地先组织学生游行，宣传平民识字的意义与办法。征集在职的中小学教师做义务教员，按社区分段招收学生，利用商行、机关、寺庙空房组成平民识字班，按期开学。识字班每期4个月，教授《平民千字课》4册，学习日常用字1000余字，并教授简笔字，课文全部采用白话文。实验工作取得经验后，继续在本地与外埠推广。经过几年的努力，各地都有数以几万乃至几十万计的平民通过学习，取得了识字结业证。

以长沙为例，识字合格的平民达20万之多，年龄从十几岁的失学孩童至六七十岁的老人，分属于58种不同职业。它的声势很大，把整个城市都动员起来了，许多普通的劳苦大众——洋车夫和小徒弟，男男女女、老老少少第一次有机会走进课堂。没有钱，但是那个时代有的是理想主义和热忱，教员都是义工，长沙的100多位义务教员中就有青年毛泽东。

在城市平民教育取得成绩之后，他进一步深思，中国向来以农立国，80% 以上的人居住在乡间，农村才是中国社会的基础与重心。中国正在经历着社会全面崩溃，要救济中国必先救济乡村，要建设中国必先建设乡村，这须掀起一场深刻的乡村改造运动。乡村运动将肩负起“民族再造”的使命。

晏阳初由此提出了一个新颖而独到的命题，即开发“脑矿”。他说：“中国真正最大之富源不是煤，也不是铁，而是 3 亿以上不知不觉的农民，要把农民的智慧开发出来、培养起来，使他们有力量自动地起来改造，民族才有真正复兴之日。”

（选自《世界平民教育之父——晏阳初》）

“四大教育”与“三大方式”

刘永加

在工作中，晏阳初提出“文艺、生计、卫生、公民”四大教育和“学校式、社会式、家庭式”三大方式的工作纲领，以此来实现他的新农村教育理念。四大教育就是针对农民“愚、贫、弱、私”四大病源下药。三大方式是用来推行四大教育的具体措施。

四大教育，以文艺教育居首位，设文艺教育以治“愚”，平教会设平民文学部，主要工作是主编《千字课》和《平民读物》。为了推动工作，又在文学部之外，设艺术教育部，它的主要任务是绘制宣传画和《平民读物》中的插图。此外办有电台、广播、摄影、影幻灯各种设备，作为形象化的宣传工具。后来又在六年计划中，设戏剧教育部，自编历史剧《卧薪尝胆》和《过渡》等戏剧，经常在乡村中演出，受到农民的欢迎，强化了宣传效果。平教会还把定县旧考棚改建成一个大礼堂，作为演剧、放电影和各种集会的场所，从而有了自己的阵地。

第二位是生计教育，设生计教育以治“贫”。平教会的人又叫它为“重点教育”。生计教育是解决生活的一门教育，它的具体工作是推广优良猪种、鸡种和小麦、棉花种子以及开办合作社等。

第三位是卫生教育，设卫生教育以治“弱”。为了收到实效，又设立保健院。保健院有内科、外科、牙科和妇产科，聘请中医配合治病。

第四位是公民教育，设公民教育以治“私”。特划定县高头村作为公民教育的实验区。提倡“国族精神”“团结就是力量”“知识就是力量”口号。通过教育的力量来发展社会团结的力量，启发国民的自觉性，训练自治的能力，培养奉公守法的精神。各村在平民教育的活动中，组织了息讼会、禁赌会、扫雪、修路、修桥、自卫、植树等一系列活动。

晏阳初为了不使四大教育停留在理论，能与实际结合，用三大方式把四大教育推动起来。这三大方式，叫做“学校式”“社会式”和“家庭式”。

学校式教育，办了三所学校：平民教育专科学校、儿童实验学校和幼稚园。平民教育专科学校是重点，吸收各省保送的有志平民教育的青年来学习。所学的课业，主要是平民教育运动史及其理论根据和定县实验工作。一边学理论，一边搞实习，一年课业，相当于一般大专院校三年课程。毕业后，派到各省去推广平民教育。

社会式教育，就是在定县各区各村，广泛地开办平民学校，其中又以清风店、明月店为实验重点，作为示范。

家庭式教育，就是“送教育上门”。具体地说，就是把家庭妇女组织起来读书，要她们不用花钱在家里就能上学校。

晏阳初的平民教育运动，开展得如火如荼，产生了较大的影响。从1929年到1935年，每年春假、暑假，定县附近的中学、各省的大专学校，国内的学术团体或社会团体，都组织参观团到定县来参观平民教育。晏阳初本人与同志们一样，在翟城村民小学任教。1929 年 7 月，晏阳初全家迁居定县，其他同志及其家人也先后迁来。

（选自《晏阳初的乡村建设思想》）

发现了一种“新人”

马建强

第一次世界大战期间的欧洲战场上，曾有 5000 名华工参加了由一位法国将军主持的毕业典礼。35 个华工，从这位将军手里领得一张大红纸写的毕业证书。这是当时欧洲战场上的一个重大新闻，也是人类教育史上一件破天荒的大事。促成这件事的，正是晏阳初。

晏阳初出生于四川省巴中县一个书香家庭。1916 年，晏阳初来到美国，考入世界名校耶鲁大学学习。1918 年 6 月初，晏阳初在耶鲁大学参加完毕业典礼后的第二天，便踏上了赴欧为华工服务的征程。

晏阳初到达的地方是法国北部的布朗，那里有 5000 余名华工，多来自华北，以山东为主。他们有的在工厂做工，有的修路，有的挖掘战壕，有的埋葬尸体。华工最需要的一项服务，就是替他们写家信。几乎是每天晚上，都有几十、上百人来找晏阳初替他们写信。几个月之后，晏阳初觉得这样下去，自己的工作量实在太大了，于是他灵机一动，召集了一个 5000 名华工都参加的大会。晏阳初站在台上，对他们说：“从今天起，我不替你们写信了！”台下华工却大笑起来，以为他是在讲笑话。晏阳初继续说："从今天起，我要教你们识字、写信。"底下又是大笑。他又说："谁愿意跟我学，请举手愿意学的人，今晚就来找我。"5000名华工只有几个人举手。

那一晚，是晏阳初生平最难忘的一晚：几个华工围坐在他的身边，听他讲数目字，先学中国字"一、二、三、四、五"，再学阿拉伯数字"1、2、3、4、5"。华工们聚精会神地看，好像每个字都是奇妙的，他们眼里闪着光，嘴里念着数，晏阳初的眼里也闪着光、亮着泪。

第二晚，有十来个华工来了，第三晚，有数十个……最早跟晏阳初学识字的有40余位华工，4个月后，已有35位可以自己写家信了。

在识字班的华工们身上，晏阳初发现了一种新人，他说："这新人的发现，比考古学家发现北京人还要重要。几千年来，这些生活在社会最底层的劳工们，都被认为是没有脑筋的人，是愚蠢的人。其实你只要走近他们，你就会发现，他们不是没有脑筋，而是没有机会，没有受教育的机会；他们不是不可教，而是无教。当你给了他们接受教育的机会，你会发现，他们不仅渴望学习，而且聪明能干。而中国过去的教育完全是士大夫的教育，平民教育从来没有人去发现、去关注、去重视。"从这个时候起，晏阳初便立志将来一不要做官，二不要发财，而要从事平民教育工作，把自己的一生献给劳苦大众。

（选自《晏阳初：跨进泥巴墙的教育家》）

“除文盲，做新民”

马建强

1919年6月，晏阳初结束了在法国近一年的华工服务，又回到了美国继续求学。当时晏阳初认为，自己立志从事平民教育，但这项工作将非常艰巨，自己的学识仍需充实。接下来的一年时间里，晏阳初在普林斯顿大学研究院如饥似渴地学习，不到一年时间就获得了硕士学位。

1920年8月，怀着满腔热血，抱着一心一意在中国推动平民教育的信念，晏阳初迫不及待地回到了祖国。晏阳初坚信，世界上最宝贵的财富就是人，世界上最宝贵的矿藏就是“脑矿”，最大的“脑矿”在中国，中国有4亿人民，但有受教育机会的只是其中的一小部分，目不识丁的文盲超过3亿。英国每百人中文盲只有3人，法国只有4人，日本也只有4人，而我们却有80多人。平民教育是开“脑矿”最简单、最适用的工具。试想全中国4亿人的“脑矿”都被开发出来了，世界上还有什么力量能够征服他们！

晏阳初立志献身平民教育、许身于三亿五千万劳苦民众，感动了当时任全国青年会总干事的余日章。余日章目光远大，学识渊博，是美国哈佛大学的高才生，北洋政府请他做教育总长，他为了能真正做些服务人民的事业，没有去做官，而就任青年会总干事。余日章非常赞同晏阳初的设想，特在青年会创办平民教育科，邀他主持，晏阳初当即允诺。

经过全面精密的调查，晏阳初发现办平民教育要克服三大困难：第一是“穷难”——因为他们穷，一天到晚忙于生计，无钱接受教育；第二是“忙难”——他们终日忙碌，没有多余时间上学；第三是“文难”——中国文字太难学习。要解决这三种困难，必须使平民教育成为经济的、简单的、基础的苦力教育，才能易于执行。文字教育是开发民众知识的基础，所以识字教育是平民教育兴起的动因。要使识字教育适合于经济的、简单的、基础的三个条件，首先又得从事“选字”工作。选字时晏阳初动员了50余人，尽量搜集民众日用的文件以及中国白话文的书刊，如小说、戏剧、民歌、账簿、文契、告示甚至街名、商店、招牌等，一共搜集了150多万字的材料，最后选定出现次数多的常用字，共1000多字，晏阳初用这些字编成《平民千字课》。

在平民学校上课时间上，晏阳初决定每天安排1个小时，因此解决了平民的“忙难”，1000多个字的识字量解决了“文难”，3分钱1本的《平民千字课》解决了“钱难”。

为使《平民千字课》能够迅速推广，晏阳初又选定长沙等几个地区进行试用。在湖南长沙，平民教育取得了很大的成功。几年后，长沙一地受过识字教育的平民就有20万之多。

（选自《晏阳初：跨进泥巴墙的教育家》）

先农民化，才有资格化农民

马建强

到定县去，就是要认农民为老师，走出象牙塔，跨进泥巴墙。在推广平民教育的过程中，晏阳初还非常重视小学教育。他到许多小学和培养小学教师的乡村师范学校去演讲时，就明确地对小学教师说：各位要知道，教育的基本不在大学和专门学校，而是在小学。比如建筑房屋，没有坚固的基础，就不能筑成一座崇楼高阁。没有好的小学，又从哪里去得到好的大学生和专门学生？许多留学生从外国回来，他们心中只有做大事、做大官的观念，谁还顾及小学教育。晏阳初在河北定县从事平民教育实验期间，在一所农村初级小学做了一年小学教师。

晏阳初也非常重视家长教育。他认为，欧美教育注重儿童，而中国教育应注重家长。因为中国现在做家长的，自己都没有受过教育，不知道教育的重要性，多数不肯送子女去上学。假如他们受过教育，至少可以觉悟到教育的重要和不识字的害处，推想到子女不受教育的害处，自然就会愿意送子女去读书。

这种以识字教育为基础的平民教育，让广大平民获得了实际而又经济的收益，得到了广大民众的积极响应，也极大地鼓舞了晏阳初的斗志。经过晏阳初等人的共同努力，1923年8月，中华平民教育促进会在北平成立。这是一个全国性的教育组织，晏阳初被推选为总干事，主持促进会的实际工作。在晏阳初艰苦卓绝的努力下，短期内全国半数以上的省份成立了省区平民教育促进会，平民教育逐渐在全国推广开来。

1928 年，在全面指导全国平民教育工作的基础上，晏阳初开始集中人力物力选定河北省定县从事平民教育的实验研究工作，为中国教育的平民化、现代化与本土化，以及整个中国社会的现代化进行探索。深入民间是把平民教育推向纵深的必由之路。河北定县有人口 40 万，刚好代表当时 4 亿中国人的 1‰。一县就是一个广义的共同生活区域，是从事平民教育的最好单位区域。晏阳初说，到定县去，我们就是要认农民为老师，走出象牙塔，跨进泥巴墙。因为我们以前所受的教育与农民太隔膜了，我们要重新教育自己，要先农民化，才有资格去化农民。

（选自《晏阳初：跨进泥巴墙的教育家》）

平民教育，一种崭新的教育

晏鸿国

1920年，晏阳初回到祖国，开始了中国的平民教育运动。这是一种不仿西洋，不仿东洋，而且也不因袭古人的完全崭新的教育。这是他在考察了全国19个省平民的教育及生活状况后，经过科学的分析，针对中国的教育实际状况创造的适合中国国情的教育。

之所以说平民教育是一种崭新的教育，那是因为它不同于一般意义的学校教育、学历教育、职业教育。首先，它的教育对象不同。它的教育对象不是我们大家熟悉的大中小学校的学生，而是广大平民。其二，教育的内容与普通教育不同。它不是单纯的文化教育、学历教育、职业教育，而是一种提高人的整体素质的教育，即通过教育，把受教育者培养成为具有“智识力（知识力）、生产力、健康力、团结力”的新型公民。其三，它的教育方式不同，它不单纯是依靠学校这一单一的载体对受教育者进行教育，而是采取学校、社会、家庭三位一体的方式全方位地对受教育者进行教育。

要说平民教育，国内外都早已有之，大家都知道的武训办义学，就是中国古代的平民教育。晏阳初提倡的平民教育不同于以往的平民教育，主要表现在以下几个方面：

（一）不是贫民教育。它的受教者，不仅仅是贫民，而是所有应受教育而未受到教育的国民，或者受过基本教育而缺乏公民常识的国民。

（二）不是由学生在课余来担任教师，而是由专门的人才，经过专门的研究，专心致志地开展教育。

（三）不是彼此无联络，随意性地、零散地进行，而是有组织、有计划、持续地进行。

（四）不是只关注教学生某一方面的知识，而是全面的素质教育。

（五）不是囿于狭小的范围，而是着眼于全国兼及各国华侨的教育。

简而言之，晏阳初提倡的平民教育的目的是人的开发，使受教育者成为“新民”。所谓“新民”，就是前面提到的四力皆备的新型公民。

（选自《科学布道人——浅析晏阳初的科学精神》）

用科学指导平民教育的实践

晏鸿国

有了目标，就要通过实践去实现这个目标。在晏阳初开展平民教育的实践活动中，一切都是遵循科学的原则来进行的科学地编选教材。要使广大平民成为新民，就必须接受科学知识，而要接受，科学知识，首先要识字。要识字，就必须要有适合的课本，不能再用《三字经》《千字文》了。

1918年晏阳初在法国创办华工识字班时，他运用科学的方法，编辑了适合华工学习的《识字课本》，所选的字词都是一些常用的、易学易记易写的，所以华工们学起来不吃力、有兴趣，效果显著。当他在国内开展平民教育运动时，就用华工的《识字课本》改编成了《平民千字课本》《士兵千字课本》和《农民千字课本》。按照不同的学习对象，选取不同的内容。

先进行小范围的实验，再进行大范围的推广。平民教育运动最初是在长沙、烟台、嘉兴等三个大、中、小城市里进行实验。他将这些城市作为社会实验室，对不同地理环境和人文环境进行探索性实验，希望由此摸索出适合全国各地的平民教育的方法。在这三个城市进行的平民教育运动，有各自不同的成功经验和特点。长沙是规模大，社会各阶层的人士都踊跃参与。烟台是出现了女学员。嘉兴则是使用了幻灯教学。这些经验和特点为日后在全国开展平民教育提供了有益的参考。

注重调查研究，一切从实际出发。随着平民教育运动的开展，晏阳初认识到，中国大多数人民生活在农村，中国的文盲也主要在农村。因此他决定将平民教育工作的重点转移到农村去。可是，农村的情况到底怎样？农民的情况到底怎样？城市平民教育的办法能搬到农村去吗？面对这些问题，他认识到只有深入农村，对农民的生产、生活，对农村社会的政治、经济、文化、卫生等各方面情况进行全面的了解，才能制定在农村开展平民教育的有效措施和科学的计划。

1926年，晏阳初领导的平教会开始在河北定县进行社会调查，这是中国历史上首次运用现代社会学的科学方法进行的以县为单位的社会实地调查。根据调查的结果和科学的研究，晏阳初先生认定，在中国广大农村，普遍存在“愚”“穷”“弱”“私”四大病症，针对这四大病症他制定了“四大教育”，即以文艺教育治愚、生计教育治贫、卫生教育治弱、公民教育治私。利用这四大教育将科学知识、科学方法、科学思想、科学精神传播到广大农村社会。

制订科学的计划，并在实践中不断地修正和完善计划。晏阳初十分重视计划的重要性，科学计划是他事业的组成部分，也是他的科学信念的重要支柱之一。他亲自参与、讨论、制订的计划不计其数。例如，在长沙的平民识字运动开展前，他亲自起草了《全城平民教育计划》，在定县针对四大教育，又制订了《定县实验十年计划》。无论他在国内进行平民教育运动，还是后来在国际开展平民教育运动，都是在严密的计划指导下进行的。

这些计划虽然都是以极为严肃、科学的态度制订的，但又不是一成不变的，要根据实际情况作适当的调整。在他制订的《乡村改造运动十大信条》中就有“要做到因时制宜，因地制宜，因人制宜”一条。初期的平民教育运动是以识字教育为主，到定县实验时，就发展为以四大教育为内容的乡村建设运动。《定县实验十年计划》也因战争的爆发而修订为六年。

（选自《科学布道人——浅析晏阳初的科学精神》）

从识字班到平民教育总会

夏辉映　宋恩荣

第一次世界大战后期，英国和法国政府为解决人力匮乏问题，从中国直隶、江苏、广东等省招募了18万华工分批运往法国战场。华工抵达法境之后，由于文化背景及语言的隔阂，常与军方发生冲突，结果一无例外的是华工吃亏。为了解决这一矛盾，北美基督教青年会遂号召中国留美学生到法国战场上去当翻译，为华工服务。当时晏阳初的大学本科学业即将结束，他搭乘一艘美国军舰踏上了赴法的艰险路程。途中，前后两艘军舰均被鱼雷炸沉，晏所乘军舰居中，侥幸大难脱险，于1918年6月抵达法境北部的布朗。

华工被欧洲人蔑称为“苦力”，他们在那里干着最累最脏的工作。晏阳初经常和华工们在一起活动，主要是担负翻译或代华工书写家信。在接触中，他与华工们建立了深厚的感情，发现他们大都勤劳勇敢，品德优良，并不是天生愚笨、粗鲁，只因贫困缺乏教育而不识字。他更感到教育普及的重要，于是从中文字典与国内新寄来的报纸杂志中，选取若干常用字语，编辑成一本华工识字教材，鼓励华工们前来学习。第一批就有40

余人参加。华工们每天工余饭后来上课，晏阳初用石笔在石板上写，华工们跟着用右手食指在大腿上画。他们眼中闪着光，口里念着字，如饥似渴，认真诚挚，场面十分感人。4 个月后，35 人完成课业，能自己动手写家信了。这个成绩不仅使其他华工大感意外，就是晏阳初本人也大受启发与鼓励。后来 100 多名中国留学生陆续来法，都仿效晏阳初的做法，林语堂就是其中之一。于是在法华工识字班纷纷建立起来。

晏阳初还为华工们创办了《华工周报》，并定期举行华工征文比赛。他注意将爱国情绪注入工作中，如报道关于胶东问题的中日密约，就激起华工们极大的爱国热情。华工部魁义将在法做工的积蓄 550 法郎全数捐献给我驻巴黎和会代表并嘱转交政府；郑书田念我国势不振，特捐 30 法郎作振兴工业用。许多地方的华工先后设立爱国自治会或救国储金团，按时捐款，以救济湖南、直隶各省灾民。由于《华工周报》带有浓厚的民族意识，英法军方时加阻挠，甚至勒令停刊。晏阳初巧与周旋，照印不辍。

在华工教育中，晏阳初进一步认识到，世间最宝贵的资源不是金矿银矿而是“脑矿”，而世界上最大的“脑矿”资源在中国。这最大的“脑矿”一旦被开发，将会把人类导入一个新时代。但是，中国旧教育培养出来的士大夫阶层只习惯于在故纸堆中咿唔苦读或不切实际地高谈阔论，甚至只贪图荣华富贵，而视人民为草芥。他们不了解人民的疾苦，更不了解、不相信人民群众中蕴藏着无穷潜力，同样是一种愚昧无知，是“民盲”。面对“文盲”和“民盲”这两种社会病态，晏阳初矢志归国后毕生从事平民教育，提高平民的知识水平，开知识分子为平民服务的新风气。

1919 年秋，晏阳初重返美国，在普林斯顿大学继续深造，1 年后完成学业，获历史学硕士学位。1920 年 7 月他搭乘“俄罗斯皇后号”海轮回到了风雨如磐的故国。适闻母病，先回四川省亲。此时父亲与长兄已先后去世。母亲见阔别 8 年的游子归来，悲喜交加。当她听到儿子立志献身平民教育的抱负后，立予支持说："我虽年迈体弱，却不愿你留恋故乡。中华男儿，应多为国家效力！"晏阳初素知母亲深明大义，自己每次出门远游，母亲总是叮嘱勿使想家，然而事后悄悄痛哭一场。他懂得"忠孝不能两全"，只能"移孝作忠"，努力为国为民多作贡献了。

稍后，晏阳初到了上海，在中华基督教青年会总干事余日章支持下，设立并主持了该会平民教育科的工作。他从 1922 年春开始，共用 1 年多时间，游历 19 省，进行了一次有关平民现状、平民学校、平民生活的全面考察。他认为，中国人害了 3 种病："瞎""聋""哑"，即指国民绝大多数不识字，不能读书看报，不知社会形势，只是日复一日默默地生活着。与此同时，晏阳初着手以长沙、烟台、嘉兴作为华中、华北和华东的代表进行平民教育实验。他的做法得到了社会的广泛支持。1923 年，在社会各界人士的赞助下，以"除文盲，做新民"为宗旨的"中华平民教育促进会"宣告成立。前国务总理熊希龄的夫人朱其慧任董事长，陶行知任董事会书记，晏阳初任总干事，主持总会的日常工作。至此，平民教育运动迎来了一个新的时代。1925 年 7 月，太平洋国民讨论会第一次会议在夏威夷举行，晏阳初在大会上作了题为"中国的建设力量——平民教育"的演讲，得到与会代表的一致赞誉。檀香山华侨以此为荣，纷纷捐助，其后又得到美国各界人士的捐款达 50 万美元。这次大会对于平民教育在国际上的影响及其发展意义十分重大。

（选自《平民教育家晏阳初先生》）

以仁爱之心思考扫盲之策

程方平

和普通的扫盲研究人员和教育教学人员不同，晏阳初对扫盲有个总体的、系统的认识。

首先，他把扫盲纳入国家发展、民族振兴、社会改造的大系统中，以仁爱之心思考国富民强之策略。因此，他办教育的着眼点是中国最贫穷愚昧的农民，特别是新代的青年农民。

其次，他提倡的扫盲是他平民教育发展中的一个前后关联的重要环节，而非孤立的教育任务。这样，在扫盲前通过深入地调查，了解研究文盲所处的环境及文盲产生的各种根源；通过宣传，使即便是最愚昧的文盲也能认识到读书识字可帮助自己改善生活，进而产生求学的欲望和要求。在扫盲后，将农业生产、畜牧业生产、工艺技术、经济活动等多种实用知识和技能传授给脱盲者，扶持他们走上科学致富的道路，成为一代新人。此外，还可以通过文学艺术活动如图画、音乐、读物、广播等不断充实和增长其知识和能力，创造出崇尚科学文化的良好社会环境，以取代滋生文盲的落后环境。

第三，由于受教育者是集愚、贫、弱、私于一身的落后农民，所以在治愚的同时必须兼治其他病症。在扫盲识字之中，必须包括有针对性的文艺教育、生计教育、卫生教育、公民教育这“四大教育”的内容，使扫盲与农村改造紧密结合起来。

第四，由于扫盲主要是贫穷国家的重大问题，所以，必须求得全社会的支持，并采用学校教育与社会教育相结合的教育方式。几十年来，晏阳初一方面进行大面积的教学实验，一方面广泛地奔走宣传，赢得了上层社会、商界首脑、社会名流、文化组织等的大力支持，使那些起初嘲笑平民教育的老学究，上流社会人士，还有省长，都同意支持平民教育。金陵大学、河南大学、南开大学、燕京大学、清华大学、湘雅医学院、平教会、地质研究所、中国银行、金城银行、华北农业改进社、内政部卫生署、协和医院、黎川农村服务联合会等部门和团体也都与其合作，热情支持晏阳初的扫盲及平民教育工作。

在学校教育方面，晏阳初主要以平民学校（分初、高级）和平民职业学校两大类为主，兼及乡村一般小学和实验小学。所采用的教学方式主要是业余补习、导生传习制和短期临时培训。在社会教育方面，所采用的方式方法就更加丰富多样，如进行家庭教育、演讲、具体指导，通过基层组织和民众团体搞活动，编写简单易懂的小册子组织读书（像在乡村集镇设置“图书担”“巡回文库”等），调动一切积极因素，创造一切可能的有利条件，全力办好扫盲事业。

再者，晏阳初开展扫盲工作是以大量科学的调查、实验和研究为基础的。在20年代初开始进行平民教育，尤其是扫盲工作时，晏阳初就着力调查和研究许多与之相关的问题。如对平民读《千字课》后是否够用？能否应用？平民识字后用何方法可以满足其进一步求学读书的愿望？今昔平民教育的区别何在？平民教育急需什么？平民教育与政治、国家建设有何关系？平民教育的标准是什么？农村文化教育的发展有何种背景条件？城乡及国内外平民教育的现状？如何进行实验区建设？平民教育的组织与政策怎样？农村社会调查及其主要问题等，均有较细致的访问和了解，并有系列的调查（如出版定县调查丛书十余种）实验报告和专题研究等。这样，有利于扫盲工作因时因地地开展并采取有效措施，保证其正常发展。在实验方面，晏阳初主要从初级平民学校、扫盲实施情况、初级平民学校以上教育、乡村小学、妇孺教育、师资训练、以村为单位的教育建设、课程教材教学步骤与方法等方面的实验与研究入手，掌握最新的发展动态，并将好的经验迅速推广。

以定县扫盲实施情况的实验与研究为例，晏阳初在1928年至1934年间曾进行了大量的实验推广工作。从最初的24所平民学校的扫盲实验，扩大到1931年时在417所平民学校中进行推广实验。其中包括推行制度的实验、技术与方法方面的实验、女子表演学校实验、妇女教育推广实验、家庭教学实验、导生传习制实验、传习处及有关教学组织的实验，为积累扫盲工作经验、探索多种扫盲途径进行了长时期的工作。

在晏阳初看来，进行扫盲、平民教育及乡村改造，并不只是拟定个计划然后照本宣科，而是要根据国情、民情及社会文化背景，从实际情况出发。为此，在20年代他提倡科学实验和有关研究要细致、充分和深入，到50年代以后直至90年代他的平民教育事业也仍然是遵循这一原则的。1990年5月，菲律宾国际乡村改造学院的院长荫安·M·弗拉维尔曾指出，在晏阳初先生的具体指导下，菲律宾地区的扫盲工作也是从广泛搜集第一手文盲情报开始的。随之，要进行分类、整理及有关研究，为进入到实质性工作阶段做好充分的准备。在正式开展扫盲工作之后，教学人员便要根据农民的闲暇、文化素质等开展最初的扫盲识字教育，帮助文盲农民记住并掌握最基础的知识，如“A”字形像农舍，“a”字形则像豆子，通过农民熟悉的东西，帮助他们掌握知识。配合扫盲学习，他们还开展了诸如帮助农民发展乡村信贷、搞好卫生及计划生育工作，了解更多与农业有关的信息等。他们通过地方上的乡村改造委员会等组织来推动计划生育、妇幼教育、生计教育、卫生教育等25门课程的扫盲及扫盲后训练。在一般情况下，每科的训练只需要几天，多与农业生产和改善生活有关。在学习告一段落后，要进行关于农村发展等内容的小组讨论，收集各方面的反馈和建议，为扫盲教育的进一步扩展做好多方面的准备。和当年的“导生制”大致相同，菲律宾等地的扫盲教育用的是以扫盲教员教“示范农民（即导生）”再由示范农民教“扩展农民”的滚雪球式的方法，在扫盲运动中培养出一批中坚和骨干，并鼓励和支持他们积极加入平民教育和乡村改造的工作中来。

晏阳初和他的同事们认为，搞好扫盲事业必须要注意四点：（一）必须要和农民结合，否则，不了解他们的需求，不唤起他们的学习欲望，就很难收到好的扫盲效果。（二）要加强有关平民教育的组织领导，除了开展日常教育工作外，还要定期召开研究会议，通过各类宣传和文艺工作等，做好扩展的准备工作。（三）搞好与政府组织机构的携手合作，调动全国和地方行政组织的积极性，加强沟通、理解与合作。（四）加强与非政府组织的合作，深入到民众之中去，利用各方面的力量和有利因素。除此之外，晏阳初在多年的扫盲实践中还总结了大量有关扫盲的经验和理论，如扫盲教材编写、扫盲方法与步骤、扫盲运动术或与扫盲有关的艺术和技术，扫盲过程及其阶段性，扫盲工作的重点及其迁移等，内容十分丰富，走在世界的前列。尽管如此，晏阳初先生还是孜孜不倦地吸取各种新鲜经验。

（选自《晏阳初与国际扫盲》）

第　　三　　辑

乡村建设：走出象牙塔，跨进泥巴墙

先生归来兮

欲救亡图存，必须重视农村教育

晏阳初

所谓教育，并非指一般的及普通的教育，普通教育并不难，欲其切合实际方为难事。最切合于实际之教育为农民教育。一般人以为教育之目的，乃在产生伟大光明灿烂之中国。吾人之希望又何尝不是如此，唯此种希望，实太迂远，今日中国，危亡已迫于眉睫，今日所应施之教育为最低限度最基本必不可少者之救亡图存之教育。

中国此时可为一非常之时代，而各处所实施之教育，似为一种普通之教育，“一切正常”，国家岂能维持！如现在乡间一般儿童所读之课本，仍与十年前大同小异，即可证明。须知吾人今日之唯一目标，为救亡图存，我辈虽无希望，然为我辈之子孙着想，岂能仍令其与吾辈受同样之处境。

予以为当此非常时代，必须有一种计划教育，教育之内容与方式以及一切的一切，均须有计划。按敝人十年来于困苦艰难中所得之经验，欲达到救亡图存之目的，最急需最迫切者有三：

第一，培养知识力，最低限度须培养其民族意识与国家观念，能够自觉自强。吾人站在教育者的地位，一切一切都在启发他们。

第二，培养科学的生产力，更换那些老农、老圃的旧习惯旧技术，使其了然于人力可以胜天，一切自己均可创造，即养成其自给自养之能力。

第三，培养组织能力，养成纪律生活，方能自卫自保。集中以上三种能力，始足以言救亡。同时实施此种教育，尤须注意目标、计划与策略三方面。如农村中有成人、青年与儿童，对于成人，因彼等在乡间极有力量，欲其为我等之助力，对之须用开导方法。对于儿童，因其为国家之基础，故须用培养方式。至吾人所视为最重要者为青年，为十八九岁至二十五六岁之青年。因彼等年富力强，可以继往开来。姑就定县而论，全县四十万人中，就有八万青年农民，以全国四亿人计算，中国农民青年至少有八千万，除去一千万已受教育者外，尚余七千万人。欲救亡图存，必须抓住此七千万青年。将他们组织训练起来，给他们以文字知识，与其他公民训练，及保健卫生的知识与训练。养成此数千万充实与健全之青年以后，有什么计划有什么目标必能成功，讲到总动员，才真正有员可动。

中国自鸦片之战以后，经过甲午之战，到日本提出二十一条时，经过一次刺激，一班有志之士即想出一个救亡的方法。忽而学东洋，忽而学西洋，今日忙这样，明日忙那样，但都没有把根本拟清，所以仍然是束手无策。今后我们必须拿定主意，下大决心，钻进农村，深入民间，造就这八千万的农民青年，叫他们来担负这民族再造的使命。我等在定县所研究实验者，并非为定县。定县乃系一个实验室，我们要研究出一套内容与结果，故必须切合以下四条件者：（一）是否经济，（二）是否简易，（三）是否切合实际，（四）是否有基础，能合此四条件，方易普遍推行，才能对于广大之民众有益。

总之，定县之工作，系为研究实验，重质而不重量，一切系由下而上。十余年来，集中各方人才，根据民情，应用科学，所获得之结果，均系如此。至于农村建设，即欲以政治的立场加以推动，一方面是政治组织问题，一方面是行政人才问题。所谓县政改革乃为建设而改革，乃欲将以前专司收税审问官司之衙门，变为实施救亡教育建设各种基本工作之机关，服务人民，建设地方，以求政治之根本改革，此乃系由上而下，若与上面所说者相辅而行，我们一定有光明灿烂之前程。

总之，当此山穷水尽之时，只有农村有光明的希望，深望一般青年发挥宏愿，施展宏才，好静者做研究工作，好动者做推广工作。深信学术可以解决问题，有伟大之精神，必能成伟大之事业。前途荆棘最多，然只要大家能够任劳任怨，下大决心，为农民，为中国，甘愿受罪，不但青年自己有了出路，即整个中国亦有了出路。

（选自《中国农村教育与农村建设问题》）

建设农村首在培养民力

晏阳初

现在要说的是农村建设的内容，换句话说，农村应该建设些什么？很简单，一个字就可以答复，农村建设就是“人”，因为农村建设不是少数人或政府的几纸公文所能办到，也不是少数学者的提倡就能成功，必须农村中的人全体负起这个伟大的责任来，然后工作才会继续不断，才会在当地生根。换言之，农村建设应该由农民自动起来建设，否则，仍是和过去一样，在某一时代，有某一位名高望重的人出来提倡一种运动，社会上就风靡一时地随着动起来，等到时过境迁，当年的蓬勃热闹，也就消沉下去。为什么？因为运动的发动，不合人民的需要，不能在民众身上立基础，没有生根，自然不能生长，不能永存。

德国在巴黎和会中受了很大的压迫，负担巨大的赔款，销毁卫国的武器，失去资源与殖民地，大家都以为德国将永远不能复兴了，可是不到二十年，德国又成一个列强不敢轻视的国家，瞬已恢复原来的强国地位。为什么这样容易？这不能归功于希特勒的领导，而应该归功于日耳曼民众的力量。日耳曼民族的知识力、生产力，以至体格、民族观念，一般的比其他民族高，因为有这样健全的民众，所以才有惊人的进步。我们怎么样？去年十一月，平教会组织农民抗战教育团下乡，实施抗战教育，四个月之后，团员们回来报告，都说我们的农村和十年二十年前的差不多，仍是淳朴浑噩，不知国家为何物，抗战为何事！这样的民众，怎样可以在现代世界上争生存？然而这些无知无识的农民，并不是不可教，从我在欧战中教育华工起，到去年的农民抗战教育团，凡是曾经下乡做过几个月工作的，都觉得我们的民众太可爱，只要稍稍给他一点教育，他立刻成为另外一个人。所以“人”的建设，并非不能办，而且已经有方法。过去中国的教育，所用的教材、教法、制度，都是从东西洋抄来，不合国情，不切需要，只成为少数人的专有品，与大部分人民无关，所以全国三万万以上的民众到今天还是无教无养，不能表现出力量来。现在我们既然看清楚了建设农村首在培养民力，要把广大民众蕴藏的伟大力量开发出来。那么，究竟从哪些方面做起呢？最低限度，需要培养他们四种力量。

第一，知识力。西洋有一句流行语，叫作“知识就是力量”。一切建设都需要力，也就是需要知识，人民没有知识，任何方案、任何计划、任何政策，只能见之于纸笔，不能实现于民间。一个人要获得知识，有种种路线、耳目与工作，都可以得到知识，最简单的方法就是读书，要读书必先识字，所以文字教育是培养知识力的一个重要方法，人类文明与野蛮的分野就在文字的有无。我国有很好的文字，可惜为少数人所占有，自成一个阶级，把文字当作护身符，以读书识字为职业，而且，自居于四民之首，所谓“士”。因为读书识字成了专门的东西，所以真正的生产者农工分子，一向就没有读书识字的机会，而成为“文盲”。在农民本身，也有三个不识字的原因：第一是太忙，因为忙所以没有工夫读书；第二是太穷，因为穷，所以没有钱读书；第三是太难，因为文字多，文体不通俗，读起来不容易，所以没有法子读书。文字既是培养知识力的重要工具，所以必须把文盲的农工商改造成“士农”“士工”“士商”，而后才算教育普及，这三大难就必须设法解决。

关于“忙难”的解决，可精造教材，研究教法，利用农民早上或晚间的休息时间，使读书与休息融合，冬季的闲时更可利用。这一点，人人都想得到，可以不必多说。

关于“钱难”的解决，可减低书籍价目，民众教育的书籍，定价都只几分钱，原因在此。有的可由公家购买赠送，这也是容易解决的事情。

关于“文难”的解决稍觉费事。中华平民教育促进会在民国十一年起，就注意到这个问题。它的解决，经过了三个阶段：

（一）汉字的选择。这是民国十一二年做的工作。平常以为废除文言，采用白话，便足以解决文难，这对于忙难的民众，仍不能算解决。因为作文若不限制用字，中国字有四万多，如何都能教给民众？事实上，作文常用的汉文字不过二三千，说话常用的不过一千多。我们用科学方法，寻出最常用的一千三百字来，作为教育民众编辑教材的根据，这就是基本字表。一个农民，认识了这一千三百字，便能看粗浅的书报，这是不得已的办法，正如一个穷人，吃不起白米，有一点红薯小米吃，比没有吃的总好得多了。根据我们的经验，受过四个月文字教育的平民，认识了基本汉字以后，他们的求知欲已大大的旺盛。不久就能识得更多的汉字。

（二）注音符号的应用。这是更进一步的方法。因为中国字的读者全靠死记，在字的本身上没有音标，即使有音标，读音也各地不同，一个字可以读出种种不同的音，例如“白”这个字普通读作 bái、有的地方又读作 bé，等等不同，在字上既无音标，同一形状的字又有几种读法，这都是基本教育的阻碍。注音符号笔画简单，一共只有四十个字母，比基本汉字数目还要少，学习起来格外容易。认识了注音符号，读物只要字字注音，就可以字字发出正确的音，念得下去。所以我们民国二十年以后出版的平民读物《农民报》等，都全部注音。现在，教育部已定为法令，小学及民众读物，一律须用注音汉字印刷，这不但是学术影响政治的实例也是中国基本教育的大进步。

（三）词类分书。汉字注音以后，文难仍不算彻底解决，只能念得下去，但未必一念就懂。因为还有一种困难存在，没有解决。例如："农村建设的目的是民族再造"这句话，如果读成了"农村建设的目的是民族再造"，便一点没有意义，不能了解，尤其是读书经验很少的平民。这个困难的解决，于汉字注音之外，同时把句子用分词的形式印成，如"农村建设的目的是民族再造"，这样，读起来一目了然，不至误解。这种办法，了解的人还很少，书店里还少见词类分书的出版物。

培养知识力，并不是毫无困难，上述的种种办法，处处是为民族设想，用这种简之又简、易之又易的办法来扫除文盲，在工具上、在方法上，似已毫无问题，然而全国文盲依然尚未扫除，原因固尚有所在。推行这种办法的政治机构，需要建立起来，这是今后应当努力的问题。这是培养知识力的一种方法。

培养知识力的第二个方法就是"图书担"。一个民众学校学生，毕业后要不给他机会继续受教育，他认识的字，求得的知识，不但不会增多、不能扩充、不能应用，而且还要遗忘，这种人我们叫他"轮回文盲"。要使识字民众不变为轮回文盲，图书担是方法之一。图书担是送教育上门，谁有工夫，谁就可以立刻读书。我记得英美烟草公司最初到中国推销纸烟，用的就是送上门的方法。家家赠送，人人可吸，今日送，明日送，让你不费一文，不费一力，白吸纸烟。结果如何？纸烟的味儿民众尝到了，而且吸成了瘾，非吸不可。这时，英美烟草公司赚钱的机会到了。图书担的用意也是如此。一副担子装着合于民众需要的几百本读物，由一个较有知识的农民挑着在村子里到处跑，民众随时可以向他借书看，有不懂的他可随时指导，一旦读书兴趣养成，农民训练已寓于送图书上门的图书担中了。

培养知识力的第三个有效方法是戏剧。这是普通人，甚至戏剧专家所不注意的。大家认为唱戏听戏是公子哥儿的事，旧戏如《封神榜》一类，神出鬼没，毫无教育作用。新的什么文明剧，演的是佳人才子的恋爱，思想卑鄙，毫无足道，殊不知戏剧具有很大的吸引力、感化力，比读书听演讲，效力大得多。它能使人潜移默化，这种不自觉的教育，不勉强的教育，是最理想的教育方法。培养知识力而能利用戏剧，更可以打破文字障碍。所以如能使教育娱乐化，把教育做到雅俗共赏，这是戏剧的新生命。旧戏京腔，有它的艺术价值，但没有平民化的教育价值，因为没有培养民力的作用。不仅京腔旧戏如此，世界的戏剧也是如此。民国十二年，我在北平遇见熊佛西先生。他那时在国立艺术学校当戏剧教授，钩心斗角和旧戏竞争。我和他说，戏剧家应该到民间去教育民众，不应该在城市里给人娱乐、供人娱乐，这样没有生命；把民间疾苦、愿望搬上戏台，才有意义。他很受我的感动，就穿起蓝布大褂到定县农村里去，把书本上的知识拿到乡间去应用，把农民的真实生活搬上舞台。熊先生经过几年的研究，写出了不少有生命的戏剧，教农民演给农民自己看。像《屠户》，像《过渡》，农民固然受戏剧的感动，许多大城市里的人，有的从南京来，有的从北平去，在定县看了这些戏，也没有不被感动的。因为戏剧的内容是农民的生活、农村的问题，演戏的就是农民自己，所以演出成绩格外好，有血有肉，教人不能不感动。有一天，定县农民正在村子里演《过渡》，美国耶鲁大学艺术院戏剧教授丁英（A.Dean）参观之后，写了文章在美国报上发表。他说他自己主持耶鲁、哈佛各大学的戏剧讲习二十三年，曾经到俄国去考察戏剧三次，从没有看见过像定县那样的农民戏剧。技术、方法、设备都很简单，然而充满生气，有力量，尤其是农民自己演给自己看。这种伟大的戏剧，在世界上还没有看到第二处。美国有一个提倡文化事业的团体，叫洛氏教育基金会，打电报来请熊先生到美国去讲学。四川省政府已拨款筹设省立剧院，也要请熊先生主持这戏剧教育工作。戏剧教育化，教育戏剧化，这是培养知识力的一个捷径。

培养知识力的第四个方法是图画。图画的教育力量也非常大，可惜向来图画也是士大夫的欣赏品，不是教育的工具。但是有许多知识不是文字所能表达的，用图画表示，反觉明显。从前国立北京艺术学校校长郑锦先生，本来是专攻普通的所谓艺术，因为我的劝告，他就放弃了校长地位，到定县乡间去研究平民艺术，他在这方面有不少贡献。

第二，生产力。这个问题有两方面：一方面是科学化生产技术的推广，改良种子，改进农村工艺，使生产增加；一方面是合作经济组织的建立，使利润分配合理，使农民真正享受增加生产所得的利益。这是一个问题的两面，必须同时并进。中国自张之洞提倡农业科学以来，至少已有六十多年。为农业改良，不知费了多少钱，而农业科学自农业科学、农民自农民，双方到今天还没有见面。在外国学农业的，回来并没有去种田，和学政治经济的一样，不是教书，就是做官，最好的是到农业学校去教书，已经算是学以致用了。至于田间、乡村，农学者就从来没有去过。所以农民真正需要的是什么？实际状况是什么？因为，书上没有记载，他们也没有想到。农业科学下乡，那是近五六年来的事。民国十二年，我在南京遇见一位东南大学农学院的教授，他留美八年，又在意大利国际农业院研究，得了四种学位，回国后一连教了十二年的书，却没有见过一个农夫，没有度过一天农村生活。他听见定县有一班人在乡下做实地工作，觉得天天在大学里教书没有意义，也愿意到定县去干一下。我常说，留学生在外国镀了金回来，不到乡下去涂土，只是一个科学贩子而已，没有活的生命。这位农学博士，到了定县，第一年种的白菜，就没有农民种的成绩好，他才觉悟到老农老圃亦自有其擅长。因此他自己穿起青布衣，把道貌岸然的学者一变而为田家，天天与老农老圃为伍，悉心地观察研究。如是三年，他种的白菜才胜过了农夫，他的农业科学才真实地发挥了作用。镀金的必定还要涂土，说来好像一句笑话，实在倒是真理。因为在外国学习几年，装了一肚子学问，何曾消化得？不回到自己的乡间去，出其所学，实地运用，又如何会变作自己的血肉。印度人最崇拜牛，我以为研究学问的人，必须要有牛的精神，既吃了一肚子草，应当伏在一个地方，细细地去咀嚼反刍，而后才能摄取养料。农业学者如果只有科学的头脑，没有农夫的身手，如何可以应用他的学问？

实地获得了改良种子的成绩，进一步想法推广到民间去，这又是一层困难。科学的研究与科学的推广是两件事。在研究实验的时候，设备尽管复杂，手续尽可麻烦，待到要推广，就须力求设备经济，方法简单，又通俗，又实用，然后才能普及到民间去。根据这种经验，研究出一套推广制度，叫做“生计巡回训练”。生计巡回训练的办法，是划全县为几个巡回区，由这区里平民学校的毕业生，出来受生计训练。训练方法，都是实地教学。例如，在种白菜时，教种白菜的方法；在收获白菜时，教白菜的贮藏与运销的方法，这样即学即用，农业科学才能在他的生活里发生功能。一个受训学生，成为一个表证农家以后，在其门首钉一块牌子以便训练员巡回视导。表证农家的任务：第一，必须遵守训练员的指导；第二，必须把收获的种子推广给邻近农民，并负责指导；第三，每期表证完毕，必须报告表证成绩。这些表证农家，满布在生计巡回训练区内，他们的环境与普通农家无大差别，表证的结果如果满意，不必我们宣传，农民早已看在眼里，自动地去模仿、取法。这时候的表证农家，就不期然而然地担负了附近农家的视导责任。如此推广，不仅可以推广改良种植的方法，其余如猪、鸡，以至合作社等，都可顺利进行。这是一套科学下乡的制度，是增加生产力的实际方法。

第三，健强力。这是一种强种教育。中国因为医药卫生的不普及，农民连最低限度的卫生常识都没有，一旦疫病蔓生，立即死亡枕藉，每年冤死的人，达六百万之多。中国人的平均年龄在三十至三十五岁之间，正当年富力强的时候，已到了生命的尽头，与外国人的平均年龄五十到六十岁来比较，相差多远！若不普及医药卫生知识，不但是个人寿命的屈冤，也是国力的莫大损失。年轻的人，经验薄弱，不能对国家社会有多少贡献，等到年富力强、知识成熟，正对国家社会大为得力的时候，却又忽然夺了他的命，这不是国家的大损失而何？

过去我国的卫生医药状况，有两大病：第一，所有医生，所有医院，都设在大城市里，乡间没有医院，农民无处求医；第二，医院收费昂贵，农民非弄到没有办法不使病人入医院，甚至竟至将死而亦不能住进医院！小病不敢求医，大病即求医而医已束手，死亡率的增高，自属意中事。中国有名的医学院，培植一个医学生，每年教育费需五万元，费了二十五万元才能栽培成一个高等医生。医学人才在中国，何等宝贵。哪知毕业后，并不为真正的民众服务，都跑到北平、天津、南京、上海、广州那些大都市里去行医，给有钱的人治病，企图发财。有钱的人生病，只要治得好病，反正不在乎，即使一针索价二百五十元，也不见得不愿意出。请想想，二十五万元栽培成的国手，与倡优一样地侍奉达官贵人，这是何等的可惜可怜！

医药专家陈志潜博士，是美国有名的哈佛大学的留学生，本在中央卫生署任技正。我把中国的医药状况告诉他，劝他与其在大城市里做无意义的工作，不如下乡去为农民服务。第一次谈话，没有得到他的同情，隔了几个月，在南京又遇见了他，作第二次谈话，他答应到定县来考察两天。哪知他到定县后，住了一星期之久，觉得定县的环境值得供他研究实验。他在定县工作六年，产生了一套保健制度。这个制度，不但已经被中央卫生署采用，其他如印度、菲律宾、捷克等国也都仿行。这个制度是由下而上的。每一百家左右的村子，公推平民学校毕业生一人做保健员，受一星期的保健训练，如公共卫生、传染病预防、种痘、保健箱的用法等，受训练后就回村执行保健工作，为民众治疗轻微疾病，介绍病人入保健所等。保健箱里有十八种常用药品及简单用具。药品的选择，根据当地卫生状况而定，可治最常见的疾病。这些药都是药性平和，即偶然误用，亦无危险，而又价格低廉，计算的结果，一百家的大村庄，每年所花的医药费不过三块钱而已。每五万人为一区，设立保健所，所中有医生一人，助手二人，及最低必要的医药设备。保健所的职务是指导保健员，治疗保健员所不能治的病。每年经费约一千元。至于县城则设一较完备的保健院，主持全县的卫生行政，疾病治疗，每年经费约一万八千元。一个四十万人口的县份，实行这保健制度，全年共两万七千多元，每人每年负担只约七分钱。中国现在是人财两空的时候，民穷财尽，医生缺乏，巧妇虽不能做无米之炊，却不能不想出一个少米之炊的办法来。世界医药费用的统计，美国是每人每年三元，每次一角五分，但我们现在这个制度，每人每年不过七分钱而已。而且这个制度很富有伸缩性，如果实在没有钱的时候，可先训练保健员，从一村做起，而后渐进地成立区保健所，以至慢慢成立全县保健院。一个村子里有一个保健员，虽不能起死回生，却也能防患未然，至少流行的天花可以扑灭。定县保健制度实验结果，陈医师向中国医学会提出论文，因此，传布到了外国去，有很多国家写信到定县来问这个制度，国际联盟请陈先生到欧洲各国去演讲，去年暑期才回国。可是这制度虽已传到了外国，中国自己却还没有普及。

第四，团结力。假使农民的知识已经培养起来了，生产技术也改良了，科学化了，体格也强健了，要是没有团结力，所谓民力培养，完全失去目的，也是枉然！培养团结力的方法就是公民教育。公民教育的任务，在养成民众的公共心、合作精神，提高其道德生活与团体生活水平。我们一方面要在社会的基础上培养民众的团结力、公共心，使他们在任何团体中皆能努力做一个忠实而有效能的分子；一方面要在人类普遍共有的良心上，发达国民的判断力、正义感，使之有自决自信、公是公非的主张。“平校同学会”与“公民服务团”的做法，可以代表这意义。

（选自《农村建设要义》）

推进乡建工作的方方面面

晏阳初

乡村建设是整个新社会结构的建设，并非是头痛医头、脚痛医脚的事，而是从根本上谋整个的建设事业，所有文化、教育、农业、经济、自卫等各方面工作都是互相连贯的，是由整个的乡建目的下分出来的，各方面工作的发展，合起来就是整个乡建事业的发展。现在为便利起见，把它们分别地来略说一下：

（一）文化教育方面——教育的设施，在乡村建设的过程中，实有其深刻的意义。教育者不仅是对农民为知识的灌输和技能的训练，同时要注意到使一般农民即知即行而运用其知识技能以谋农村的建设。农村以教育的力量谋建设，即是教育的结果成为农村建设的力量；建设的推演，成为农村教育的环境；互为因果，以推进一切而促进新民社会的实现。这种方式，小言之，是一种以教育为经、建设为纬之文化方式；大而言之，是一种以教育为手段、建国为目的之政治方式。

乡村建设最基本的条件，是在有组织有训练的民众，有了组织和经过训练的民众，才有力量，才可以去建设乡村。乡村学校，是乡村文化的政治的中心；青年农民是乡村社会的唯一支持者。以教育的方式去组织民众，训练民众，实在是最适宜的场合。

因此，我们认定，在目前欲求“民族再造”之使命的实现与“乡村建设”条件之造成，须力谋政治与教育的协调。一面用政治力量去推动建设工作，一面运用教育力量造成建设的条件，并做些建设的事业，如此，则乡村建设工作的完成，并不是无办法的事。

乡村建设既必须通过教育这个阶段，那么，实施乡村建设教育的标准必须：（1）以全体村民为教育的对象；（2）以整个乡村为教育的场所；（3）以民族再造与建设乡村为教育的目标；（4）以适应实际生活改良实际生活创造实际生活为教育内容；（5）以大队组织运用导生办法完成综合活动——实现乡村建设为教育的方法；（6）以家庭学校社会合一之综合方式为施教的方式。

以上是定县教育实验的一个认识的实录。邹平的“乡农学校”“村学乡学”在形式及进行上，就是一种教育工作。此外，晓庄所注意的儿童教育，结果产生了今日布满全国的乡村师范学校。今日各地所实行的青年训练，所应用的组织教育的方式或原则，皆所以表现乡村建设的教育方面的工作。

（二）农业方面——在积极方面则有农产品之质的改良，及产量增进之研究或介绍良好品种与科学的生产方法。在华北，以棉种的改良为最有效。在消极方面则有杜绝害由方法之研究与介绍。此外，家畜的改良，饲养方法的指示，都是为增加农民的收入，间接提高其生活程度。目前，定县、邹平、青岛、金陵大学、江西及其他如山西、广东各地的农场，即皆从事此种工作。这些事业，已经有其广大而明显的影响。行政院农村复兴委员会曾因此拟定许多草案，出有专书，名曰《中国农业之改进》。最近中央有促进乡村建设一案，由行政、立法、考试三院，共同拟定办法，将以选用农业技术人才为中心条项。此外，全国经济委员会赞助成立的江西省农业院，更有具体的规模。这都是乡建的农业方面。

（三）经济方面——农村经济与农业改良发生极密切的关系。改良农业，就要注意到经济组织的改进以谋适应，所有农产品的生产、运销，货物的购买，农民的消费，一定要有新的组织、生活才能适应，于是合作社的办法就介绍入乡村。这方面的工作，要算华洋义赈会提倡最力。最近，闻华洋义赈会已将救灾的工作交回政府办理而专致力于乡村建设，尤以办合作事业，训练合作事业人才为要。（见《大公报》本年三月十日消息）中国的合作事业，自民国八年创造以来，突飞猛进，至二十四年底，全国已登记之合作社，计达26224社，社员1004402人，其他未登记及近两年来新增加者，尚不在内。合作事业之突飞猛进，是近十年来的事；与乡村建设运动有密切的关系。

农村经济问题中最严重的，莫如土地问题。这个问题，近来已引起国人的深切注意。前月，地政学会在青岛开的年会，也就讨论这个问题。此外，报章杂志中，亦间有文章讨论。山西曾经有过关于土地的改革试验，可是不见成功。这桩根本工作，似应由政府出来毅力解决。

（四）自卫方面——自卫工作，以镇平为最早知名，其次菏泽亦曾驰誉一时，但在今日民众训练的自卫工作，已为大众所认识而且普遍全国。最近绥远抗敌之成功，得力于民众者甚多，可知自卫工作之重要。江西亦努力于此种工作有年。所谓管、教、养、卫四原则之中，“卫”占着很重要的地位。青岛市的民众训练，尤见积极。此外，江宁、兰溪各地方都有。广西全省的民团训练，更为国人所称誉，其“三自三寓”政策，也几以自卫为中心。邹平亦因历史关系，对于民众自卫训练，另有一套办法，系参酌瑞士民兵制度之方式，及中国古乡约之遗意；同时寓教育于军事，寄军令于内政，不仅在消极的自卫，而尤在积极的自强，其训练自卫要旨："在团体纪律，民族意识，思想陶冶，知识灌输，务期兵农不分，文武并进，以成人教育为精神，以军事训练为骨干，以普及教育为前提，以推进建设为归宿。"这更含有教育意义，与教育合并而有广大的目的。

（五）其他方面——教育、农业、经济、自卫而外，还有卫生方面的工作，这就是保健制度的应用；本由定县开始实验，而今江西省、江宁县的卫生工作，都是应用此办法。虽名称略有改变而原则都是一样。今日江宁县的乡村卫生事业，尤见成绩。保健制度是一种有计划的有组织的介绍新医药入乡村，教农民自具保健的力量。在政治方面，有县政机构的改良与实验，使行政效率增进，得尽民众服务的能事。可是现在仍在实验的阶段，未有普遍的影响。如江宁、兰溪、邹平各有其成就，湖南的衡山与四川的新都，则在开始实验中。再如交通方面，公路的建筑，使内地交通便利，城市与乡村之间，得一沟通，这亦算乡村建设事业之一。道路建设一事，社会团体中，以华洋义赈会贡献为最大，其经手新建筑及修补的道路，在四年前已有四千余英里。近年来，政府方面，对于筑路工程，尤多努力猛进。中央与省府合力经营的，有江西省的公路设施。广西的公路，也很发达。广东的公路，里数最大，湖南则以坚平著。其他东西南北诸省份，都正在积极开辟。四川可以通湖南。陕西、甘肃都比以前多辟了道路。此外，以开辟道路为开发乡村之利器者，应推青岛的设施为最见成效。

总之，上述各方面事业的发展，合起来就是整个乡村建设的推进。在"乡村建设"及"复兴民族"的目标下，谋这各方面事业的发展，才有其整个的主义与力量。

（选自《十年来的中国乡村建设》）

筹设乡村建设学院的紧迫性

晏阳初

我于1929年从美国讲学归来，在北平北海开年会的演讲中有一段说：平教工作，一方面是研究实验，一方面是训练，一方面是推广。因为当时我们深深地感觉到现代教育不适合实际需要，非办一个革命性的大学不可。但是认为研究、实验不够，即不能进行“推广”与“训练”。我们历年在定县、在衡山、在新都办实验县，其目的即在从研究实验之中完成一套制度与内容，去推广、去训练。所以从前是未有过有计划、有组织的整个训练，但已经看到而且是在那里做准备的。

自抗战展开，我们就不能不改变政策，把研究和实验暂时停止，从事于急要的工作。因为抗战的元素为人力与物力，但大多数的人力物力在乡村，要开发乡村的人力和物力，非训练大批的人才去发动不可。请看最近的美国借款，是用桐油换来的；俄国的借款，是用茶叶换来的。这些物力都出自农村，所以农村才是中国民族力量之所在。但是当今朝野人士对这一基本观点还认识不清楚，把握不住。如果他们认识得清、把握得住，那么今后的一切，无论教育、经济、农业或卫生都可针对着这个方向走。可怕的是战事一旦和平了结，一班军人政客各自争功，抹杀农民的地位。又苟且偷生，为名为利地糊涂干下去，那是极危险的事。偷生是暂时的，即使这次国家幸而不亡，将来仍会亡的，所以非求自力更生不可。观点的认清与否，关系非常重要，所谓“差之毫厘，谬以千里”，看法一错，做法也就错了。在这种情形之下，从事乡村建设的我们，责任不知加重了若干倍，困难更不知要加多少，为的是要替中华民族打开一条血的出路。世界上没有到真正和平的一天，虽然就有过几次大战，战争还是不会没有。欧洲大战死伤了二千七百万人，牺牲不能不说是空前重大，但是战争的原因并未因此消灭，到今天各国整军经武又到了大战的前夜了。中国与日本的血债清算，绝不是三两年的仗就完事，今后不能不做充分的反侵略准备。

这次战争使国内一部分人士认识到了自己的问题，知道要为农民服务，如四川省政府，特别组织了乡村服务团。农民对于自己的力量，也有了进一步的认识，觉悟到自己的力量与国家存亡的关系。农民在抗战中流了大量的血，出了无穷的汗，可谓尽了他们最大的责任，去为民族生存奋斗，这是破天荒的大事，也确定了农民在国家中的地位。从事乡建运动者，不可不认识到这一点。

我们在湖南，接受张文白主席的托付，办理地方行政干部学校，训练大批人才，改革地方政治机构，尽了最大的努力。现在虽然人去政息，但就乡村建设运动来说，这是一件了不得的大事，对于发动民力、运用民力的社会影响极为深远。一般地说起来，哪一个不是战前不想战时，战时不想战后？那么，谁在今日为战后的社会建设做准备？不但做的人少，恐怕连想的人也不多吧。战争无论如何长，总有完了的一天，战争完了的一天，就是社会建设开始的一天。建设必须要有准备，准备就要在这抗战中，否则战争停止，建设开始，无准备、无方法、无人才、无技术，必定仍是一无所成。我们为什么在这个时候急急忙忙地筹设乡村建设学院？做人家认为可缓的工作？其原因就在此。今天没有准备，将来便无所主张。如果跳上政治舞台，不同流即合污，不肯同流合污，只有自杀，如果要不走上这三条路，那今天的准备工作必须加紧。

建国是一个艰巨的工作，必须有大批人才。乡建学院就是为培养建国人才而创立。平教运动有它的抱负，乡建学院便是为发挥它的抱负，继续实验研究未完成工作而设立。乡建学院的内容与精神，不与一般的大学相同，有人愁愁然认为在立案方面不易成功，我却不作如是想。世界是常有守旧事情的，一种新办法、新技术，一下子就要得到社会的认识，本不是易事。要是你的办法真正好，社会自会认识你。例如苏联，起初各国仇视它、封锁它，继而听其自然，现在则英法且挟之以自重，国联无它几乎要倒台。乡建学院如果真的办得好，于国家民族有益，立案是一件很自然的事。

（选自《把乡建学院办成一个革命性的大学》）

我在乡村建设学院当老师

崔宗培

早在 20 世纪 20 年代，我还在天津南开中学读书的时候，就听说晏阳初先生在河北省定县办平民教育。说他拒绝在政府里当官，一心一意为老百姓做好事，把全部精力都投入到乡村的平民教育事业上。为了提高平民的知识和文化素质，坚决走教育救国的道路。当时社会上的人们，包括我们这些年轻的中学生们，谈起他来都十分钦佩敬仰。

在抗日战争期间，晏先生和中华平民教育促进会内迁到四川重庆附近的歇马场，新建起一座大学，名为“中国乡村建设育才院”（后改为中国乡村建设学院）。我那时在成都四川省政府技术室工作，同在四川，但对晏先生和建立学院的事，一无了解。

到了 1941 年底，我辞去四川省的职务准备到重庆歌乐山全国水利委员会工作的时候，省建设厅的何北衡先生找到我，对我说，他受晏阳初先生的委托，邀我到晏先生创办的乡村建设育才院去教书。他详细地介绍了晏先生和平教会在重庆附近建立学院的情况。学院成立 4 个系：即农学系、教育系、水利系和社会系。希望我去教课，并担任水利系主任的职务。他认为我担任这一职务是很合适的。

当时我觉得有点突然，我说：晏先生是我久已敬仰的教育家，能在他创立的学校里工作，当然是好机会。但是，第一，我到重庆去工作，是经我的请求，全国水利委员会已批准，现在不去不合适。第二，我回国后原是在学校教书的，在抗战初期，学校多次搬迁，教师和学生在大难当前的形势下都难以安心教课和学习。所以我离开学校，想做点与抗战直接有关的工作。我参加战时后方公路的修建，先参加了修筑川鄂公路，后又参加修筑川滇公路。两路通车后，我才转回到水利方面工作。现在让我再回到学校去教书，一时还转不过弯来。请转告晏先生，请他原谅。临别，何先生希望我再考虑考虑，过几天他还要找我谈谈。

过了几天，晏阳初先生忽然到成都来了，邀我见面。这是我第一次见到他。他给我的印象是一位长者和学者的风度，平易近人。他讲话不慌不忙，语音不高，而条理清楚，层次分明，每句话的用词用语，都很恰当，极具说服力。

这次谈话，主要是晏先生谈的。他谈到了许多问题，回忆起来可归纳为以下几方面。

第一，他谈到了我国遭受日本帝国主义侵略，其原因主要是我国既弱又穷，致受人欺凌。因此，我们除了积极抗战外，必须奋发自强，拯救国家和民族。而救国自强的根本道路在于发展国民教育，通过教育，改造国民，即增进国民的文化知识、生产技能、身体素质和道德水平。鉴于我国绝大多数国民是在乡村，我们的教育应以平民教育为主，教育重点要放在乡村。

第二，他谈到了我国是以农立国，富民强国之路在于振兴农业。要改进农民耕作技能，提高作物产量，逐步使农民富裕起来，国家也随之富强起来。振兴我国农业，必须有大量具有农业知识和建设乡村的人才。因此，平教会内迁之后，选在歇马场创立乡村建设育才院，以培养乡村建设人才为中心任务。学院现阶段先设立四个系，除了教育、农业和社会三系外，还专设水利系。因为振兴农业，水利设施是必不可少的重要条件。农学系和水利系就是要增进农民的科学技术知识，提高农业生产能力，用科技知识武装农民，尽快把我国的农业生产搞上去，使农村和国家都富裕起来。

第三，晏先生说，听说我已与歌乐山全国水利委员会谈妥到那里去工作，不好不去。这个问题将由他与全国水利委员会的薛笃弼主任委员协商解决，决不使我为难。至于我在抗战期间不愿教书，想做点与抗战直接有关的事情，这是每个爱国者的自然心态。是在国难当头的形势下，要想国家大规模地开展建设，特别是水利建设是比较困难的，这是当前国家的形势所决定的。所以他认为在这个时候，把精力用在培养人才上，更有意义。还有一点，就是我一个人能做的事毕竟是有限的，如果现在到学校去培养成百上千个水利技术人才、水利工程师，他们将来到各地去工作，那作用就大了，对国家的贡献也就大了。我们的国家，特别是乡村，极需这方面的人才，这也是急国家所急，是应当考虑的。

第四，他说现在学院已经创建起来，水利系已招收一年级学生一班。有关水利系的专业课程和教师均待安排，希望我能到学院来，主持水利系的工作。我们共同把水利系、把学院办好。学校的校址在歇马场，位于歌乐山与北碚之间，校舍已建成，教室与宿舍齐备。地处乡间，没有城市的喧闹，环境优美，有著名的高坑崖瀑布，是重庆的风景区。

他的一席话，使我很难再提不同意见。于是我表示：我应当按约定的时间先到全国水利委员会去报到工作，在得到该会同意后，可以到学校去。关于担任水利系主任一事，我无经验，须请晏先生多多指导，把工作做好。

这次谈话后，我于1942年元旦后即去全国水利委员会报到。约在一周之后，薛主任委员对我说：晏阳初先生找过他了，要求借调我到他的学院去工作，担任水利系主任。这是为我们水利界培养人才的好事，我们应当支持。他已同意晏先生的要求，先借调两年，停薪留职两年后再定。由于这个学校是一个新创立的学校，他还同意在我去后，遇到困难，例如一时买不到仪器设备、缺乏讲课的教师等，会里将尽力帮助解决。这样就定下来我到歇马场乡村建设育才院工作。

歇马场一干就是四年，直到1945年抗日战争胜利后，全国水利委员会（后改水利部）调动了我的工作，才离开学院。

在这四年里，我和晏先生接触的机会是较多的。我经常向他汇报水利系有关教学、课程、设备、聘请教师等情况。每次汇报，他都是细心地听，很少插话，听完之后，就能系统地把要解决的问题一一提出他的意见，使问题很快解决。省时，新办的水利系是学校里用费比较多的系，因为需要添置一些测量仪器和制图设备等。除了可以向全国水利委员会借用一部分外，晏先生对于必要的仪器设备尽可能地支持购置，以满足教学的需要，虽然当时学校的经费并不充裕。在教师方面，我所推荐的专职教师和兼职教师，都得到晏先生和教务处的信任，先后到校任教，并多次连续聘任。

我离开学校后，与晏先生一别就是40多年。1987年他从国外回到北京，在京的校友们在历史博物馆为他举行欢迎会，大家欢聚一堂，各叙别情，十分愉快，并摄影留念。当时晏先生虽已是97岁高龄，但身体健康，谈吐如故，大家为他的身体健康而庆幸，并祝愿他长寿无疆。不料晏先生在这次聚会后出国，竟于1990年与世长辞。

晏先生是中外闻名的教育家。他把毕生的精力都献给了平民教育事业。20世纪20年代，他从美国回国后，通过调查和综合，认为中国的根本问题是人的素质问题。民为邦本，要想国强民富，必须从改造人的工作做起，尤应以人数众多的农民为重点。所以，他兴办平民教育“除文盲、做新民”，发掘人的力量为基础；培养乡村建设所需的人才，促进农村社会基层建设，建立新乡村、新社会，以达到民富国强的目的。他是我国平民教育和乡村建设运动的倡导者和实践者，他为这项事业做出了重大贡献。作为一个爱国的教育家，他的这种献身精神是值得我们永远学习的。

（选自《怀念晏阳初先生》）

晏阳初先生与定县调查研究

张世文

我早年在河北省定县平教会从事社会调查工作。我是学社会学的。在定县那几年（1929—1935），是我真正用我所学，深入农村第一线、深入农民，取得第一手材料的几年。

1985年、1987年，晏阳初老人两次回国，受到邓颖超同志、万里同志接见。1985年晏老还到成都，和原乡建学院校友们见面。那次晏老热情地和我叙旧，使我眼前又重现定县那一幕。

我于1929年由老师李景汉先生介绍去定县。平教会一进门的白墙上，写着“除文盲，做新民”6个大红字。我就是在这种宗旨的感召下，从燕京大学毕业后，放弃出国留学的机会，毅然去到乡间，为多难的祖国贡献自己的力量。到定县后，更实际感受到晏先生这一抱负的价值。

平教会在定县的实验工作，一开始就由社会调查入手。早在平教总会由北京全迁定县之前，就由乡村社会调查部先在定县开展各项调查。晏先生说：“……设计和实验以前，我们必先了解事实之现状与演变。所以广博精密的统计调查，实为推动的第一步。”

在定县的社会调查工作，是按照平教会的宗旨来定题的。平教会认为当时农村存在贫、愚、弱、私四大问题。那么贫，贫到什么程度？愚，有多少文盲？定县40万人口中，全文盲、半文盲、小学毕业及以上各占多少？弱，有多少种疾病？死亡原因多是什么？私，无组织的散漫状态如何？这些具体情况，都要一一调查落实，以便针对性地进行四大教育。在除文盲的阶段，调查分析当地农民常用语，提供平民文学部编选3400字，自编《千字课》教材。

调查途径有横向与纵向两种。横向调查是对某一时空范围内，社会各方面相互关系的研究，如宗教与经济、经济与文化等的联系。这种调研不仅限于定县县区，还要联系到邻县甚至全国其他地区。另一途径是做历史性的纵向调查，例如对人口的调查：1929年平均每家多少人？30年前、20年前平均每家多少人？50年以来增减多少？以供比较研究。

经调查搜集资料后，要进行定性（描述性）和定量（统计性）的分析，再做系统化的整理，进行比较、综合，写出两种分析研究材料。一种是向平教会有关部门写出报告，并提出解决问题的意见；一种是写出通俗易懂的材料，提供宣传教育使用。

定县平教会的社会调查部，由我国著名社会学老前辈李景汉先生任主任。我是干事之一，随主任或单独主持某项调查、负责培训助手，搜集分析资料、整理编写报告和通俗材料。几年间社会调查部编出《定县社会概况调查》《定县秧歌选》《定县农村工业调查》《定县土地调查》《定县田场经营调查》等以县为单位做出科学调查的著作。有的调查耗时好几年，调查者跑遍定县几百个村庄、几千户农家。

定县的调查工作由于结合改善生活、办学治病、推广农技来进行，所以取得农民信任与配合。但也会遇到困难，需采取调查技术。如核查人口，不易得出准确数字，因那时定县农民是不把小孩计入“人”数的。我们就到农家去看，根据晾晒的衣服一一问询。又如两村间的距离，答案常为实距的两倍，因答者认为，你去了不是还要回来吗？还有，某人的出生年代是很难查清的，回答往往是“赶庙会时生的”“中秋时生的”等。

1934年我调到秘书处任秘书，专司接待外来参观者，并为外宾口译。1936年我调长沙平教会驻湘办事处任秘书、编《平讯》，并每周去衡山乡村实验师范学校讲社会调查课一次。其间，我仍指导该校七八百学生对衡山师古乡1684家进行调查，平教会与师范校合编出版《湖南衡山师古乡社会调查》一书。

七七事变后，我由平教会安排在四川省设计委员会当秘书。设计委员会裁撤后，我在成都各大学任教，曾任华西大学乡村建设学系主任。那时我和孙伏园先生、汪德亮先生还去过北碚歇马场中国乡村建设学院兼课。

现在来回顾这一段经历，仍历历在目。当年平教会在定县的实验虽有其历史局限性，但晏先生“除文盲，做新民”的抱负，在今天新中国更有条件也正在全国逐步实现。平教会所运用的科学方法，今天仍可借鉴。从调查研究入手，始终是开展工作的必要途径。

（选自《晏阳初先生与定县调查研究》）

定县实验成就“平教之父”

范　超

1929 年，由晏阳初发起的中华平民教育促进会（简称“平教会”）从北平（今北京）搬迁到河北定县。与此同时，他号召知识分子将自己的爱国情怀、报国之志转化为用自己所学的科学知识投身于改造农村社会、解除农民疾苦的实际行动。在他的带领与影响下，数以百计的中高级知识分子，其中包括陈筑山、瞿菊农、冯锐、孙伏园、李景汉等海外归来硕士、博士，他们纷纷放弃了都市中优越的工作条件与舒适的生活环境，携妻带子，举家前往偏僻艰苦的定县，加入了乡村平民教育与乡村建设的行列。这一被称为“博士下乡”的举动，标志着中国近代知识分子对“学而优则仕”与“坐而论道”等传统观念的超越。

晏阳初带领平教会众多的知识分子到定县安营扎寨，一干就是 10 年。这个地方后来成了遍及全世界的乡村建设运动的发源地。

第一项工作是进行社会调查，由农学专家冯锐、社会学家李景汉主持，会同美国社会学家甘博，对定县农村社会概况进行了全面系统的调查。经分析认为，中国社会面临着民族衰老、传统动摇、经济破产、问题丛生的严重局面。他将这些问题概括为“愚、穷、弱、私”。提出消除这些社会病症的办法是推行“实验的改造民族生活的新民教育”，即以人民全部生活为起点，以民族的改造为目标，创立、造就新国民的平民教育新体系。具体办法是四大教育连锁进行，以文艺教育治愚，以生计教育治穷，以卫生教育治弱，以公民教育治私。

文艺教育，是使民众认识基本的文字、得到知识的工具，对自然环境及社会生活有相当的欣赏与了解。晏阳初曾根据农民的文化情况，自编最为通俗易懂的识字教材，还采集选编了秧歌、鼓词、歌谣、歇后语等民间读物。

生计教育，是从农业生产、农村经济、农村工业各方面着手，教会农民生计上的现代知识，以提高其生产技能。换言之，要从生计教育着手，以推动农村经济建设的发展。

卫生教育，是改善、提高农民的健康水平，将消极的治疗与积极的预防结合起来，并试图建立一种适合农村需要的卫生保健制度。

公民教育，按晏阳初所言：“意在养成人民的公共心与合作精神，在根本上训练其团结力，以提高其道德生活与团结生活。”早在那些年代，晏阳初就编写了《公民道德根本义》《公民道德纲目》等公民教育材料，他从识字教育、生计教育、卫生教育和公民教育着手解决问题。

在定县，晏阳初采用校式、社会式、家庭式 3 种方式全面推行平民教育，创造了乡村平民学校、生计巡回训练实验学校、大队组织教学法、导生传习制，编制了字表、简化字以及各种程度的农民千字课本和农民读物。并且从教育入手，对全县的生产、卫生保健、公民团体组织以及县政改革进行了一系列实验，总结出教育、科学与农业生产结合，学校教育与社会教育互补，穷国大国办教育应贯彻基础化、简易化、经济化、普遍化等一系列基本经验，吸引了全国各地乡村工作者前来参观。

为了改善定县的农民经济生活，晏阳初领导的平教会做了很多很细致的工作。一次一批美国专家惊讶地发现定县的本土鸡 1 年只能下 68 个蛋。晏阳初说："中国的母鸡已经下了 3000 年的蛋，它们大概是太累了。"后来晏阳初引进了美国的来杭鸡，与本地鸡杂交后产生的新品种母鸡 1 年可以下 168 个蛋。

（选自《世界平民教育之父——晏阳初》）

卓有成效的定县实验

夏辉映　宋恩荣

晏阳初平民教育的初期对象主要是城市市民、店员、妇女与士兵。他将全国分作华南、华北、华中、华西、华东、东北和西北7个大区，分期分区进行工作。后来鉴于中国民众的85%以上是生活在农村的农民，晏阳初及同仁决定将工作重点转向农村。

他认为，中国的一个县份，不仅是行政区域的单位，也是一个社会生活的单位。当时中国由1900多个县组成，一县就是一个广义的共同生活区域，为若干隶属的共同生活区——乡镇与村庄所构成。县乡是中国最大多数人的着落地，一切改进工作必须从这里着手。如果在一县里完成研究实验的工作，制成切实的方案，再推行他县，就可以逐步在一省推行。1925年，平教总会原在通县筹备的实验工作，因内战而被迫中止，晏阳初及同仁们了解到河北省定县的人文环境和地理条件颇能代表华北一般的农业区域，遂把定县定为实验县。1929年，平教会开始将总部从北京的石驸马大街迁到定县，旨在集中力量作一彻底的、集中的、整个的县单位实验。总会办公处就设在定县城内宋代建筑的贡院之内，晏阳初带着妻子儿女举家迁来定县。在他的带领下，当时国内文化教育界许多知名人士如陈筑山、孙伏园、熊佛西等，也都放弃了城市的舒适生活与高官厚禄先后来到定县，最多时工作人员超过500人，“博士下乡”一时传为美谈。晏阳初特与同仁陈筑山为从四面八方前来参加工作的同道们作了一首《同志歌》，其词曰：

茫茫海宇寻同志，历尽了风尘，结合了同仁。共事业励精神，并肩作长城，力恶不出己，一心为平民，奋斗与牺牲，务把文盲除尽，男男女女，老老少少，一齐见光明。

青天无片云，愈努力愈起劲，勇往向前程。飞渡了黄河，踏过了昆仑，唤醒旧邦人。大家起，作新民，意诚心正，身修家齐，国治天下平。

这歌词配上当时最流行的《苏武牧羊》曲，豪放深沉，极具鼓舞作用。

晏阳初及平教会同人挈妇将雏迁居定县一住就是9年，他们散居在农民的土屋里，生活上和农民完全打成一片。晏阳初说“自北京迁移到定县，不是地理上几百里路的距离，实在是跨越了十几个世纪的时间。我们必须克服一切困难，在各方面尽力使我们完全适应乡村生活”。

为了使定县实验建立在科学的基础上，晏阳初特别注重调查工作。但社会调查在中国是一项新工作，开始很难得到农民的理解和支持，被调查的农民总是惴惴不安，以为大祸将至。晏阳初与同仁克服重重困难，做深入细致的工作，终于使农民们的疑惧涣然冰释。由冯锐博士主编成了非常适合的《乡村生活调查大纲》，1932年李景汉先生又根据调查结果编成了中国历史上第一部以县为单位的实地社会调查报告《定县社会调查》。

通过调查分析，晏阳初深切地感觉到中国社会患了四大疾病，即愚、穷、弱、私。他认为，要治理好国家，必须对症下药，开四大教育，即以"文艺教育"救"愚"、"生计教育"救"贫"、"卫生教育"救"弱"、"公民教育"救"私"，连环进行，综合治理。文艺教育居首，其主要工作是编辑《千字课》和《平民读物》，以教平民识字，更辅以广播、摄影、绘画、幻灯等作为形象化、有声化的宣传工具。其次是生计教育，晏阳初把它列为"重点教育"，主要工作是推广优良品种，并举办各种合作社，以增强社会生产。卫生教育除建立保健院、各乡设保健员及畜牧兽医外，注重卫生宣传，把编印好的卫生小册子散发到民间去，尤其注意沙眼的预防和医治。公民教育则提倡团结互助，宣扬民族精神。在工作中，晏阳初十分强调推进四大教育的3种方式，即学校式、社会式、家庭式。学校式就是开办平民学校，包括初级平民学校，高级平民学校及巡回生计训练学校；社会式教育是以平民学校毕业同学会为纽带进行有组织的社会教育，包括举办读书会、演讲比赛、体育比赛、农产展览会等。家庭式教育是由受过教育的青少年，将学校某一部分课程特别是卫生习惯与环境清洁方面内容带到家庭中去，对老年人能发生良好影响。

1930年7月，晏阳初与同仁制订了教育总体工作的10年计划。计划分3期：第1期3年，注重文字教育与县单位教育系统的建立；第2期3年，注重农业改进与生计建设；第3期4年，注重公民教育与地方自治。卫生教育则贯穿于10年间。10年计划刚实行1年余，日寇侵犯我东北，国难来临，平教总会决定缩短时限，加紧进行，于是改10年计划为6年计划。

定县实验坚持将近10年之久，成绩显著。全县形成平民教育网，多数农民脱掉了"文盲帽"；全县建成县、乡、村3级卫生保健网，卫生普及，天花等传染病消灭；通过生计教育，农产品种改良，防治病虫害与信贷运销合作得到普及，农民收入有相当的提高；乡民的民族意识、团体意识与公益精神也大有提高。

定县实验，影响波及全国乃至海外，前来参观的人络绎不绝。北京大学周作人教授在参观定县后就感慨地说："定县实验是大难事，也是一大奇事，深感敬意！"梁漱溟先生在山东邹平创设的乡村建设研究院，黄炎培先生所主持的徐公桥农村教育实验区均直接地或间接地受到定县平民教育运动的影响。1932 年 12 月，国民党内政会议在南京举行，鉴于农村教育的成功经验，决定在全国各省设立实验县。著名的美国记者斯诺参观定县实验后在《纽约先驱论坛报》发表观感说："我在定县发现很具戏剧性并且证明是最重要的生活改造工作。"后来，平教会又被推广到华中和西南地区。

1943 年 5 月，晏阳初收到经由中国驻美大使馆转来的"哥白尼逝世四百周年全美纪念委员会"安吉尔博士的来信，说当年 5 月 24 日是哥白尼逝世 400 周年纪念日，西半球各国几百所高等学术机关决定以适当方式纪念这一伟人，对一些现代革命者赠授表扬奖加以表扬。在集体提名审核之后，认定晏阳初是少数有实际贡献的人之一，务期亲自出席会议接受荣誉。5 月 24 日晚，纽约市卡立兹堂贵宾云集，晏阳初与爱因斯坦、杜威、福特、莱特等 10 人一同接受表扬状。晏阳初获得的表扬状上写道："杰出的发明者，将中国几千文字简化易读，使书本上的知识开放给以前目不识丁的人民，以启心智。应用科学方法，肥沃他们的土地，增加他们的辛劳的果实。"

（选自《平民教育家晏阳初先生》）

第　四　辑

造福全球：从中国走向世界

先生歸来兮

在菲律宾培训班开学典礼上的讲话*

晏阳初

尊贵的来宾们，来自危地马拉和菲律宾乡村改造运动的同事们，我很高兴能对菲律宾乡村改造运动的四十名新学员表示欢迎。我确实很高兴能欢迎来自危地马拉乡村改造运动的朋友们和同行们。

今天，我要首先用英语对这些新学员讲几句话，然后再对来自拉丁美洲的朋友们稍微多讲几句。我未来的年轻同事们，我只想对你们讲几句话，但我很希望能有另外的机会，同你们进行更长时间的讲话。

今天上午我想对你们说的是，在过去的十二年中，菲律宾乡村改造运动形成了服务于人民的伟大传统。我经常将菲律宾乡村改造运动叫做乡村改造工作。阿西西的圣方济各为了接近穷人，就同穷人结婚，与穷人打成一片。但是，菲律宾乡村改造运动的工作人员做得比他还要好。他们不仅去接近那些生活贫困的人民，而且正像罗西斯（Rothes）秘书刚才所说的那样，他们还去教育穷人如何摆脱贫困。菲律宾乡村改造运动具有一个甘

---

* 本文原为英文稿，司艳娇译。

愿奉献的伟大传统。我希望你们这四十名新学员在六个月的培训中，至少学会两件东西。第一是要学会技术知识，相对来说这是比较容易的。第二是要培养传教士式的热情。技术固然重要，但仅靠技术绝不能拯救一个国家，绝不能改造人民。要达到这些目的，必须将技术与宗教精神结合在一起。我们必须既要具有科学头脑的人，又要具有基督精神的人。必须同时具备这两种要素。很多工程、很多计划的失败，并不是因为缺乏技术，而是因为缺乏宗教热情。乡村工作是艰苦的工作，它包含有许多汗水和眼泪，还会经历许多失败和挫折。无论是男是女，是长是少，除非他们具有宗教精神，否则他们或迟或早都会放弃这种工作。菲律宾乡村改造运动纲领不仅要搞社区发展，而且还要搞人类发展。这就是说，进行这个运动需要时间、耐心、知识、勇气和奉献精神。这是一个长期的工作。为了达到我所说的人类发展的目的，它要求坚持不懈地奉献。因此，我的新朋友们，我希望你们都获得成功，愿上帝保佑你们在今后的六个月内至少掌握上述两个基本功。其一是学会菲律宾乡村改造运动的技术；其二是培养改造自己的人民、改造自己的国家的宗教精神。

危地马拉的朋友们，我曾有幸亲自参与录用你们中大多数人的工作，你们是自己国家的精华。我想告诉你们，也许你们这些新学员也曾收听到过，世界上的最大问题之一，是世界上三分之二的人都被叫做发展不良的人民。"发展不良"这个词听起来很不舒服。许多人为躲避这个词，而用"正在出现"的人民，或"发展中"的人民来取而代之，但他们仍叫铁铲为铁铲。我十分希望这一不愉快的称谓能使我们中的某些人觉醒，使我们愤怒，以至于想去做一些事情来改变这一状况，而不是去躲避它。

这些不发达国家为什么不发达？正像罗西斯秘书刚才指出的那样，是因为人民发展不良。正因为人民发展不良，所以国家的天然资源未得到充分利用，国家的矿物资源没有得到很好的开发。甚至连国家政府也发展不良。为什么呢？因为政府的发展程度正是人民的发展程度。

我们抱怨世上没有和平或不昌盛。以一个有三个儿子的家庭为例：一个儿子受很好的教育，穿漂亮的衣服，吃很好的食物；而另外两个儿子却破衣烂衫，忍饥挨饿。你们能想象这样的家庭会和睦安宁吗？如果想有一个更美好的世界，必须要有更好的人民，人民是基础，巩固这一基础的唯一方法就是使未发展和发展不良的人民得到发展。在20世纪中，世界面临的最大挑战不是去探索外部太空的奥秘，而是去发展这些未发展和发展不良的人民，就在我们这个地球上，这样的人成千上万。

对于世界上的不发达国家来说，我们的使命不是飞往月球，而是深入到人民、农民和农业工人中去。

如果你们问我这一叫做国际平民教育运动的活动在过去的四十三年中都干了些什么，那么我会告诉你们，在这四十三年里，这一运动一直在坚持不懈地努力寻求出使未发展和发展不良的人民得到发展的方法和能实现这一目的的人。

你们问我在这四十三年里我们发现了什么，用几句话简单地讲，我们发现了下面的两条规律：

第一，大多数发展不良的人民是乡村居民——农民。因此，在过去的四十三年中，我们的重点一直放在乡村改造上。第二，我们发现，尽管这些人民发展不良，但他们具有很大的潜力和能力，但这些都是潜在的。因此，我们的重点不是去救济他们，而是去释放他们的潜在力量。这个潜在力量是上帝赐予我们每一个人的，其中包括农民。利用这个力量去进行各方面的发展，去发展经济生产力，以及去担负起社会和政治责任。

你们要问的下一个问题可能是如何去发展那些发展不良的人民。我们发现，为了释放出上帝赐给农民们的潜能，必须向他们传授科学知识。你们会说：为什么科学会有这样的作用呢？看一看那些发达的国家和世界上那些发展中的人民，看看欧洲，尤其是西欧，以及北美地区的那些发展良好的人民即可发现，正是因为掌握了科学，他们才能够征服土地、大海和太空。更了不起的是，西方还征服了贫困、疾病；而发展不良的国家和人民却仍在遭受苦难。

我们发现，目前在现代科学和技术与农民阶级之间存在着巨大的鸿沟。为了填补这个鸿沟，我们必须向农民传授科学知识，用现代知识武装他们的头脑，教给他们克服贫困、疾病、无知和无政府状态的方法，这样就能使他们在建设一个更好的世界的过程中成为完整的平等的一分子，从而能创造出一个更好的世界。

至此，你们可能会问是哪种科学具有这种作用。科学有许许多多的分支。在当前的菲律宾乡村改造运动和以前在中国进行的三十年的平民教育运动中，我们发现，农民面临着的问题很多，但可以简化成四个基本问题，即贫困、无知、疾病和自私。因此，我们必须利用农业科学、工业科学去摆脱贫困，用社会科学去克服无知，用医药卫生科学去战胜疾病，用政治科学去克服自私思想。

要做到这些，说起来容易，做起来很难。为什么呢？因为这些科学是在大学里教授的，实际上是给很少一部分幸运者讲授的，只有这些幸运者才具有科学技能和科学知识。但是，这些在高等学院里教授的科学既难于理解，又超出了农民力所能及的范围。为了利用这些基础科学去解决上述基本问题，我们需要下述的两种人。

第一种就是我所说的科学简化者。我们这里需要的人是在各自的研究领域里的一流科学家和学者，他们具有创造性、适用性，因此，他们能将这些高深的科学知识用连农民也能懂得的语言向别人传授。他们是一些既具有科学知识又能教授这些知识的科学家。然而，能将科学应用至普通人或农民们能理解的水平的人微乎其微。有些人既具备创造性，又能在这个水平上应用知识，但他们不愿意这样去做。他们愿意待在大城市、大的学院里，在那里他们可以过现代化的舒适的日子；而不愿意到郊区、山村去直接了解农民们存在的困难，去用科学知识满足农民们的需要和改变他们的条件。

尽管那些既具有科学家的经过训练的头脑，又具有传教士的胸怀的人极少，且常常相距甚远，但是感谢上帝，我们仍然能够找到一些这样的人。

第二种人很重要。我将他们叫做“科学传教士”。他们将那些经过简化的关于农业、公共卫生、教育和自治方面的切实可用的实际科学知识传授给人民。青年男女们若有幸接受过这些科学知识的基础训练，就应该对他们进行挑选、招收和训练，以便让他们再将这些简单化的科学知识传授给人民。这种经过科学训练的青年男女中，大多数人不愿意去从事这种艰难困苦的工作。再次感谢上帝，我们仍然能找到相当大一部分愿意干这种工作的人。

那么，你们这四十名学员为什么要参加菲律宾乡村改造运动呢？为什么你们这些来自危地马拉的朋友们应该到菲律宾来呢？因为在菲律宾，在菲律宾乡村改造运动中，你们将会发现我刚才所谈到的许多事情。你们将会看到是什么人，怎么样将这些基础科学以切实可行的方式用于满足农民们的需要和用于改造他们的条件的。在这里，你们将会看到由科学简化者组成的一个核心。他们或是大学的前任校长、大学的教授，或是政府各局的前任领导人，但他们已经辞职，断绝了与原职之间的联系，而来到郊区，来到山村，目的是直接研究农民们的困难所在。他们就是这里的科学简化者，你们将有机会见到他们，并向他们学习简化复杂科学知识以服务于农民的方法。你们还会看到一群“科学传教士”，他们是大学里的精华，他们是从成千上万的人中挑选出来的。他们是自己的人民的“传教士”。他们中的很多人具有戴维·利文斯通（David Livingstone）的精神。他们深入到乡村的民众中去，不仅与民众在一起劳动，而且与民众一起生活。

现在我想谈谈国际乡村改造学院，讲一讲为什么要建立和怎样建立国际乡村改造学院。在过去的几年中，我们的运动组织收到了世界各地很多人的请求信。仅拉丁美洲，我们就收到了八百多封请求信，急切希望我们到他们的国家，去开展类同于菲律宾乡村改造运动的活动。这些国家包括了除古巴以外的所有中美洲和南美洲的国家。因此，在已有成效的鼓励下，以及在贫困落后人民的迫切需要和现状的促进下，我们平民教育国际委员会（International Commitee of the Mass Education Movement）决定成立国际乡村改造学院，以满足不同国家的请求和需要。

这个国际乡村改造学院大致有三个重要职能：①满足像危地马拉和哥伦比亚这样的不同国家的需要和请求；②精心训练这些友好合作的国家选送来的乡村改造运动领导者；③继续进行我们的技术和应用研究，以进一步改进现有的技术和方法与发展新的技术和方法。

我们一直同兄弟协会（菲律宾乡村改造运动）进行着密切的合作，实际上，我们是同一个组织。

你们也许很高兴知道我们正在建造更多的楼房，主要建在甲米地（Cavite）省，那里是国际乡村改造学院的总部。我很希望你们这些危地马拉朋友们，不久就有机会去那里参观。另一件事是我们想进一步扩大和加强高级职员队伍。在菲律宾，我们有一支由有能力和具有奉献精神的一流科学家和学者组成的核心力量。我们还想去世界的其他地方，包括拉丁美洲、亚洲、非洲和北美洲，征募和吸收志同道合的、有创造性的、具有奉献精神的科学家和学者，同我们一道组成一个国际机构，来共同完成我们这个国际乡村改造工程。危地马拉朋友们，现在我想说，我们很清楚自己的局限性和不足之处。但我们所进行的确实可能是世界上最大的民办乡村改造运动。在乡村改造方面，我们这个运动是世界上坚持的时间、历史最长的运动。由于它是一个历史最长的运动，所以我敢肯定地说，我们在乡村改造方面具有的经验也最丰富。这并不是因为我们比其他人更聪明，而是因为我们资历长。我们从事这方面工作的时间比世界上任何其他的组织都长。因为我们搞了四十三年，所以我们有些时候犯了大的错误，感谢上帝我们也取得了一些成就。我们寄希望于你们的是，希望你们不要重犯我们的错误，而要从我们的错误中吸取教训。俗话说，愚者从自己的错误中学习，而聪明人则从别人的错误中吸取教训。我衷心希望你们能从我们所犯的愚蠢的错误和我们已经学到的一些有价值的经验中学到一些东西，从而能比我们取得更大的进步。

你们知道，时间越来越紧迫，正像拉丁美洲某一国家的前总统所说的那样，离子夜只剩一分钟了。朋友们，看到你们红光满面的笑脸，使我想到了另一个南美，一个伟大的南美。在这里我要谈谈西蒙·玻利瓦尔（Simeon Bolivar）。当他还是个二十三岁的年轻人时，他就作出了一个重大决定。他立了一个伟大的誓言，他的誓言是："我向我的祖先起誓，我要靠我的双手和心灵坚持不懈地努力奋斗，直到砸碎西班牙束缚我们的锁链。"玻利瓦尔用自己的终生去履行这一誓言。在十五年中，他参加了五百场战斗，因此他能够解放包括委内瑞拉、哥伦比亚、厄瓜多尔和秘鲁在内的许多地区。他几乎解放了拉丁美洲大陆的一半以上的地区。他是一个伟大的爱国主义者，但他的爱国主义并不仅限于委内瑞拉。他指出：只要西班牙占领了拉丁美洲的任何一个国家，他就必然会战斗。因此玻利瓦尔见西班牙人就打。他真是一位伟大的解放者。

这里我还有一些事情希望引起危地马拉朋友们的注意。从玻利瓦尔解放南美洲到现在几乎已经有一百五十年了。将南美从西班牙铁蹄下解救出来是一件事情。但实际上还有另外一件事情，那就是要将南美人民从无知、贫困、疾病和自私中解放出来。取得政治上的独立是一件事，获得经济上的独立是另外一件事。到今天为止，已经过去一百五十年了，但你们看到了，我也看到了，拉丁美洲的人民仍然生活在贫困、无知、迷信和饥饿之中。要将民众从无知、贫困、疾病和自私中解放出来，还需要另外一种解放者。这不是一件能靠武力来完成的工作，而只能依靠那些具有经过训练的头脑和无私的胸怀的男女老少们来完成。这也不是一件像玻利瓦尔解放南美那样能在十五年之内完成的工作，这件工作需要也许五十年，也许更长的时间。这件工作不像战争那样激动人心和壮观。这件工作需要一天又一天、一年又一年的辛苦劳动和奋斗。你们的任务不仅仅是乡村改造，乡村改造仅仅是一个手段，你们的最终使命是改造人类，这是最终目的。

这件工作要求人们要具有极大的忍耐力，要深刻了解这件工作的意义，尤其是要自始至终保持奉献精神。

我的朋友们，微笑着去迎接乡村改造训练任务吧，为回国以后去改造自己的人民和国家而努力学习吧。我冒昧地引用西蒙·玻利瓦尔的精神提出如下誓言：

> 我对我的上帝和生我养我的土地起誓：我将用我的双手和灵魂投入工作，直至打碎将我们的人民束缚在贫困、无知、疾病和自私之中的锁链。

（选自《在菲律宾培训班开学典礼上的讲话》）

菲律宾乡村改造运动的整体理念*

晏阳初

菲律宾乡村改造运动的另一个重要特征，我把它叫做整体理念，它渗入到菲律宾乡村改造运动所有的重要活动之中。

我想首先讲一讲渗入菲律宾乡村改造运动领导层之下的整体理念。菲律宾乡村改造运动的领导层和我们帮助拉美及亚洲建立的其他乡村改造运动的领导层，并不是由一个团队所组成，而是一个联合领导层。它由社会的三个关键团队构成。

第一个团队我称之为国家的创立者，他们是国内教育、商业、财政及其他机构的杰出领导。菲律宾乡村改造运动有一个卓越的领导团队即其董事会（Board of Directors），但是，仅有这个团队不能做多少事，它必须由科学家和学者——我称之为科学人性化者和科学简化者——组成的第二个关键团队的加入，这个团队将会运用他们的科学知识和技术去解决农民的问题。你们可能会想起我以前所讲到的，在当今世界，现代科学技术与农

* 本文原为英文稿，李会春译。

民之间存在巨大的鸿沟，为了填补这一鸿沟，我们必须把科学——医学、社会科学、工业技术和政治学传授给农民。但是，这些作为在大学课堂里讲授的科学远远超出了农民的理解能力，我们在乡村改造的主要方面必须有一批核心的超强能力的专家，他们不仅要有技术能力，更要有创造力和适应力，能够把复杂的科学简化成农民可以理解和应用的东西。这是个非常艰巨的任务。在和这些优秀科学家接触的过程中，我注意到尽管他们大多是大学里的杰出研究者和优秀教师，但是，他们在处理农民的问题上束手无策。这不仅需要技术能力，而且需要想象力、创造力，还要有对农民的热诚和爱心。

对科学家和学者的巨大挑战，在不发达国家和发达国家的情况截然不同。对美国科学家的巨大挑战是飞往月球和火星。但是，对不发达国家的科学家的最大挑战则是怎样缩短贫穷农民像原始人一样生活状态与今日欧美社会的现代科技之间的巨大差距，他们的任务就是要找到方法和途径，使这些原始人变成现代人——现代农民、现代技术人员和有责任感的公民。除非能完成这一使命，否则危地马拉、哥伦比亚、菲律宾等国的农民将永远生活在不发达状态之中。我们必须有创新和奉献精神的科学家和学者，能够将科学通俗化和人性化，这样才能够使现代科学文明之光普照在不发达世界乡村地区的男女身上。

第三个团队，我把它称为科学传教士。科学人性化者能够把科学通俗化，而且把通俗化的科学带给农民大众，担任他们的教师和组织者。我们还需要科学传教士，需要来自大学和高中并接受过科学基础训练的青年男女。这些年轻人就是需要我们鼓励、培训，然后派遣到受贫穷困扰的农民中去的人——科学传教士。

这就是我说的联合领导。第一个团队——国家的创立者——很重要，但并不能做很多事。第二个团队——科学人性化者——也很重要，但他们也不能做很多事。以在波哥大的机构为例，它得到自由基金资助，已经做过十四年的研究。它们在农业科学通俗化和人性化方面的工作做得不错，但是，农民从他们的科研中获益很少。因为他们的大多数研究都写成了报告，储藏在图书馆中，而没有传播给大众。因此，最后一个团队科学传教士的重要性不言而喻。这就需要受过教育和培训的优秀青年男女，与农民一起工作和生活，把这些经过通俗化和人性化的知识带给他们。这三个团队，任何一个都不能孤立地把乡村改造工作做好。在许多国家，都有这个或那个团队，菲律宾乡村改造运动在这方面非常独特，它是三个关键团队的联合体。倘若分离，难有作为；一旦联合，就能为国家经济和社会改造提供巨大的潜力。

整体理念的第二个方面是整体计划。在拉美及亚洲的不少国家，一些优秀的计划做得不错，但是，各个项目之间都是互不相干的，或者是一个识字项目，或者是一个卫生诊所，或者是一个农民合作项目等。农民的基本问题是相互关联的，一个项目的成功依赖于其他项目的成功。四十多年来，我们发现为改善农民的生活状况而开展的项目，必须有一个整体的方法。亚瑟·莫舍（Arthur Mosher）博士是社区发展专家，在印度生活了多年，曾做过印度乡村发展的研究，以确定乡村改造中单一方法是否优于整体方法。他的结论是，整体方法一开始尽管费时长，见效慢，但是，从长远来看会更有效率，更有持久性。

对我们来说，乡村改造运动的最终目标并不是物质的改善，而是人的改造，乡村改造仅仅是最终改造人的一个手段。人的改造的目标不是制造半个人，或四分之一个人，而是一个全人。为了达到全人发展的目的，我们必须具有整体性的项目。

菲律宾乡村改造运动的第三个显著特色是全民动员，这也是乡村改造运动的最终目标。进而言之，乡村改造运动不是单个人参与的活动，而是动员乡村的全体民众。隐藏在这一运动背后的原则是什么呢？就是要为最大多数人谋最大的利益。所谓最大利益，尽管可能要由我们来指导，但是，不是由我们来做，而是由民众自己参与而获得。

乡村的哪些人应当是我们去动员的呢？乡村里的人由四个部分组成：成年男人、成年女人、青年和儿童。除儿童外，其余的人都是需要我们动员的。为什么没有包括儿童呢？首先，成年男人、成年女人、失学青年不在国民教育体系中，而对适龄儿童的教育是政府的责任。几乎在每个国家的教育体系中，为儿童提供教育都被认为是政府的责任，而数目庞大的错过受教育机会的成年男性和青年人则不在此列。其次，我们强调的是当今国家的劳动力，即能够对直接促进经济与社会发展作出贡献的人群。这就是在我们的乡村改造运动中，为什么不把学龄儿童纳入教育和培训之中的两大原因。但是，在拉美、亚洲、非洲的不发达国家，大多数人，即百分之七十五到百分之八十的人，已经超过十八岁，而从来没有机会接受学校教育，这些成年男女和青年人占劳动力的绝大部分。十五岁到四十五岁，是他们最具生产能力的时期，意味着大约三十年为一代劳动力。如果不培训和教育这些人，就错失了整整一代人。正如我之前所说，他们在人口中的数量最为庞大，占总人口的三分之二。他们不仅是今日国家经济和社会改造的中坚，也是为国家明天奠基的代表。因为他们是父亲，或母亲，或长兄，或长姐，如果仅仅把教育儿童的重任托付给学校，那我们就错了，表明我们忘了更有效的教育机构是家庭。设想一下，学校教育儿童彼此要有礼貌，他回家后却看见他的父母正在发生激烈争吵；或者学校教育他们注意饮食营养，但是，孩子回家后却什么吃的也没有，不得不忍饥挨饿；

或者学校教导要节约，孩子一回到家却发现父亲因为斗鸡而输得精光。谁要是认为学校是教育儿童的唯一机构，那就大错特错了。

因此，如果我们关注这个具有全局战略意义的队伍，我们就不仅要对国家今天的生产者负责，还要为未来公民的塑造者负责。

这就是菲律宾乡村改造运动在乡村，为什么组织男人加入乡村改造男子联合会，组织女人加入乡村改造女子联合会，组织男孩和女孩加入乡村改造青年联合会的原因。我们已经讨论过国家创建者、科学人性化者、科学传教士的共同指导，已经讨论过项目的综合性、整体性。但是，前两个方面是达到目标的手段，这个目标就是动员全体农民。我们打算以前两个方面实现人的改造。除非强调全体村民参与的重要性，否则乡村改造就不会有高效率和持久性。

今天每个人都在讨论社区或乡村的发展。有人可能会问你们，这个运动与世界上的其他乡村项目有何区别？你们必须回答这个问题。你们可能说我们是民间性的，但是，其他机构可能也是一样的，这没有什么特别之处。唯一的不同是我们最大程度地发挥我们的私立性质，我们强调自由。你们可能说我们是本土性的，但是，本土运动并不是特色，许多运动都有这个特点。在危地马拉，有许多本土机构，在哥伦比亚也是一样。但是，我们却最大限度地发挥了运动的本土化特点。我们激发了他们的爱国主义情感，也培育了他们对祖国的自豪感和自尊感。我们把民族主义发展到顶点。最重要的是，我们的独到之处在于整体理念，它渗入到领导层、计划和民众的动员。

现在，我想说一说菲律宾乡村改造运动对国家的影响。此前我曾经说过，但我还要再讲一讲。作为一个机构，做了什么，不只是对机构自身重要，让其他机构也能跟随着做才更加重要。例如，菲律宾乡村改造运动并不是一个大型机构，也没有多少员工，财政预算也是紧巴巴的，覆盖的地区也很有限。

菲律宾乡村改造运动对国家有什么影响呢？你们可能记得我说过这个民间性的、精而小的运动最近对麦格赛赛总统的影响，直接导致总统援助社区发展处建立起来。我也提过由奥斯卡·阿雷拉诺建立的民间性质的行动兄弟会，当他了解菲律宾乡村改造运动开展的活动之后，他于是到越南、哥伦比亚及其他国家开始了医疗救济项目。后来，有一个建于美国被称为“世界邻居”（World Neighbors）的机构，该机构的主席对我们在菲律宾乡村改造运动开展的活动进行了多次访问后，对菲律宾乡村改造运动印象深刻，于是在菲律宾也开展“世界邻居”项目，并任命此前曾经是菲律宾乡村改造运动领导的里克·拉贝斯担任领导。

菲律宾乡村改造运动的另一个重要的影响是，它在帮助这个国家的知识分子群体科学家和学者和受过教育的青年人建立了一种新的社会价值观。正如我经常所说的，在你们对受教育者进行教育之前，必须对已受教育者进行再教育。大多数专业人员，不管是医学还是农业专家，都愿意留在大学，或者在大城市，只想着挂起招牌赚钱，发家致富。为了让他们离开自己的安乐居所，而下到乡村中去，你就得创造一种新的价值观。菲律宾乡村改造运动是第一个，也是截至目前唯一能够劝说在社会顶层的科学家和学者转而与农民一起工作、生活的机构。菲律宾乡村改造运动使越来越多的公民领袖、科学家和学者在思想和态度上发生根本转变，并吸引上流社会的人走到乡村农民阶层中去。受过教育的青年人有了新的偶像，不再羡慕那些快速发财致富或官运亨通或别墅众多的人士，而是敬佩那些从前的政府官员转到在乡村工作与生活的人，或者是那些先前的公司总裁现在与乡村民众共同工作和生活的人。这就是你们这些来自危地马拉和哥伦比亚的朋友们必须做的一件重要事情——帮助创造新的社会意识，这样的话，知识分子和受过教育的青年就不再把赚取千万美元、住上豪宅作为他们人生的最终目标。如果你们想要使你们国家的乡村改造运动取得成功，你们就必须创造新的偶像。

菲律宾乡村改造运动的又一个影响是，它为受过教育的青年建立了新的使命。不发达国家的人有一种模仿发达国家的不良习惯，而不顾自己的需要和能力。在发达国家有律师，所以我们也要有律师，他们有社会工作者，所以我们也要有社会工作者。我的意思不是说我们不需要社会工作者和律师。但是，在不发达国家，有一种更为迫在眉睫的需要，就是填补现代科学技术与农民之间的鸿沟。在北美和欧洲则没有这样的问题，所以他们不需要科学传教士。对世界上所有不发达国家来说，最重要的事情是教育农民发挥自己的作用，把他们带入现代生活的主流之中。不发达国家人民的最根本和急切的需要是科学传教士，菲律宾乡村改造运动正好为青年人创造了这一新的职业。

（选自《菲律宾乡村改造运动的整体理念及其对国家的影响》）

乡村改造运动的基本理念 *

晏阳初

第一个特点是发扬理念（release concept）。这是最基本的理念，贯穿于整个乡村改造运动之中。这一理念使我们的运动与世界上其他许多乡村机构区别开来。你们还记得我在这次所作系列的演讲开始的时候，曾经提到我在法国和所谓的“苦力”或农民在一起的经历。我发誓要把自己有限的生命奉献给这些非常优秀但是缺乏机会的人们的教育、启蒙和发展之中。换句话说，那种动机不是出于对那些痛苦的、可怜的、地位低下的人的同情感，而是来自对他们极大的尊重和信任。现在的世界是变化的世界，这就是我们从来不相信施舍的原因，因为那样会使人们变成乞丐。因此，这就是我们的基本理念不是救济而是发扬的原因。我们工作的整个理念、整个态度、整个计划以及整个操作过程，都使我们的工作与众不同，我们要发扬的是造物主不分种族和肤色而给予每个人的潜能。你们记得昨天我谈到的关于三个关键群体的联合问题，它们是国家的创立者、科学的

* 本文原为英文稿，赵洁译。

简化者和科学传教士。那么，怎样发扬呢？这就是下一个问题。确实，人人都有潜能，但是如何发掘这些潜能呢？我们认为最好的方式就是通过科学。科学将能够帮助发扬出潜能，这就是我们有农业科学、医学、社会学、政治学，但还要使这些科学适应人们的接受能力的原因。发扬人的能量的整个想法是建立在对民众力量有信心的基础上的。当现代技术、现代科学走近农民，发扬他们能量的需求非常迫切的时候，我们就去发扬他们的能量，促使他们迈向现代化，把他们带进现代生活的潮流中，让他们扮演平等的、重要的角色，在各自的国家建立自己的社区，创造更好的生活。这可能重复我昨天所说的话。我认为这个世界的一个问题是只有三分之一的人在努力建设更好的世界，这还不够，全世界所有的人都必须发挥作用。所以，发扬的整体理念就是我们所有的力量、所有的决定——包括我们做什么、我们计划什么和我们如何做、我们如何计划。

下面我将快速地转到第二个理念，即实验理念（laboratory concept）。我已经对这个主题做过简单的介绍，今天我打算单独拿出来说说。这个重要的理念贯穿于我们的操作过程之中，贯穿于我们整个计划之中，这就是实验的方法。这个理念也是非常重要的，它是科学的方法。在我们要试着在大范围内开展一项工作之前，我们必须对其进行实验，在实验室里反复实验。大家知道，这种实验的方法、实验的理念产生于四十八年前。正如我那天所说的，物理学家有物理实验室，化学家有化学实验室，我们这些要尝试解决人类问题的人必须有人类实验室。让研究人类问题的学者使用最好的技术和研究方法，并为其提供实验室，这一做法是一个非常勇敢的举动。

第三个是制度理念（system concept）。我想对此多说一些，因为我以前对此没有涉及。我的意思是什么呢？我认为这对我们，尤其在菲律宾乡村改造运动目前的发展阶段是非常重要的。昨天，我们的好朋友巴尔塔泽在这里问我一个问题，问我们是否应该把工作只限制在乡村，我们是否应该前进一点——到市区去，到省里去。我可以这么说，但是如何做呢？这是一个问题。它必须是一个系统。现在让我来说明我的意思。以卫生体系来说，这里只有一本关于《定县卫生实验》的书，不知道你们是否有机会读到它。定县卫生是一个完整的制度，它与分散的、零碎的、独立的卫生计划有很大的不同。分散的卫生可能这里有一点计划，那里有一点计划，永远也不是全部的、整体的计划。有卫生训练、医药箱、卫生工作人员、工作周期，仅此而已。但是，农村保健制度是建立在三个不同的级别上。第一个级别是村，在它之上是区，这是第二个级别，第三个级别是县，这是三个不同的级别。这三个层次的保健制度是以三级不同的行政机构为基础的，在中国我们把你们的村叫做区，区比县低一级，它是由许多的村组成，在菲律宾，把区叫做市，县被称作省。那就是我们建立的三个不同层次的保健制度，整个保健制度是建立在三个不同行政层次基础上。在村一级，我想简单地说一下，在那里有保健员，他受过一定的训练，他有医药箱，可以在社区里看一些简单的疾病。一些严重的疾病的出现是由于缺乏在第一时间的救助和及时的治疗，于是发展成了严重的疾病。保健员都要接受这些简单而又基本的治疗手段的训练。当然，许多病例是他们无法治疗的，所以他们就把这些病人送到区。在区级，我们有所谓的 8 级医生，他来自一所二级、三级的医疗学校。在那里建有保健所，还有一名助手辅助他的工作。他的职责是在上午到保健所，对从村保健员那里送来的病人进行治疗，下午他会骑自行车到他所管辖的村去查看村里的保健员的工作，并帮保健员解决一些他们解决不了的问题。区保健所看不了的病，就送到县里去，那里有一所保健院。县保健院有实验室和所有的用来培训护士和产婆的设备，有一支医疗队伍。

所有这些背后的整体意识是什么呢？一是我曾经谈论过的人民因为贫穷，他们支付不起昂贵的医疗费用；二是技术人员使用的节省。许多简单的病能够就近治疗的，就不用去麻烦上一级的人员。换句话说，就是士官能做的事就不用将军去做，把事情交给将军去做，只是在需要将军的知识和权力的时候。定县这种整体的保健模式是由陈志潜博士创立起来的，在这种分级保健制度下，许多事情是由受过整体训练的门外汉来完成的。你们无法知道有多少事情能够用那种方式解决，而不用去打扰那些受过八到十年训练的医生。不管怎样，我都不打算在这里进行详细描述。我想要说的是我们所做的每一件事都是一个整体，不是分散的方案，我们称之为保健计划。我们在村级做了什么吗？我们应该采取什么行动？什么人适合这项工作？这里的人员怎么样？那里的人员怎么样？我们还得节约经费和人员。这种模式确实是找到了一种把现代卫生科学的好处带给处于贫困状态的人民的方法，这就是昨天我和你们说的保健制度，它已被捷克斯洛伐克和南斯拉夫等南欧和其他欧洲国家所采纳，并且后来当我在美国做演讲的时候，来自美国南部的委员们说，他们可以采纳其中的一些办法，为他们所用。

接下来是关于合作问题。首先，在村里组织村一级的合作社，在区一级组织区合作社联合会，在县里组织的全县合作社联合会。县合作社联合会能做许多村合作社乃至区合作社联合会无法完成的事。现在我不想再详细地说这个事。我在这里强调的是合作制度。就在昨天，托尼·圣地亚哥（Tony Santiago）、马纳汉同我在一起散步的时候，我们探讨的一个话题就是这三种人的合作——男人的合作、女人的合作、年轻人的合作。我们在村里就有男人、女人和年轻人的合作，这很好。那么，市一级怎么办？

也要为它们建立一个制度。人们合作的制度体系是什么呢？先是市一级的合作社联合，然后是省一级的合作社联合。在我们组织起村里的合作社，比如说有二十个人的合作社，我们就能建立市合作社联合会，当有一百人后，我们同样可以这么做。当我们有许多市合作社联合会后，就可以进一步建立省合作社联合会了。就这么去想。我不想在这方面做更详细的解释，我只是提出这种想法。

假如我们有由五万个男人组成的社团，另有由五万个女人组成的社团，还有由五万个年轻人组成的社团，并把他们联合起来，他们在文艺教育、生计教育、卫生教育、公民教育等四大教育方面都受过良好的训练，有过良好的组织，你能想象得出这十五万人组成的社团所发出的巨大力量吗？他们不必进入政党政治，但是他们代表了正确的意见，选出最好的人，最好的团体必须得到支持。就社团的规模来说不必太大，但是，社团中的成员必须是接受过良好的训练、有过良好的组织的人。我们在两天前曾谈起在我们的工作中不仅仅进行乡村改造的重要性，我们还要改造动物，改造农作物，改造这个，改造那个，我还说过我们还必须改造政府。现在我们已经在实验区做了一些工作，我们该如何继续在那里做呢？如果我们谈论改造政府的话，人们会认为我们是虎克游击队的另一支队伍或者是类似于这样的组织。但是如果你们拥有那些优秀的男人、女人、年轻人，他们都受过良好的训练、有良好的组织和纪律，是最优秀人员的代表的话，那么我对你们说，他们将能够管理整个新怡诗夏省。不仅有四大教育，而且最优秀的人被选出来，最好的计划将会得到持续和支持。让我们把一件件事情做好，它就会蕴藏着巨大的力量。所以制度——村、市和省等三级，不要认为乡村改造只是农村的事，乡村的活动就是运动的终点，不，它应该只是运动的开始。对于制度问题我不想详细地谈论了。

第四个是整体理念（totality concept），这在我们的整个运动中是非常独特的。我所说的整体理念是什么意思呢？我通过给你们讲述我们实际所做的事情来阐述我的意思。这些事情是我们确确实实在做的，你们也一直在做这些事，我打算给你们正在做的事情赋予一定的意义，那就是整体理念。在领导层方面，我昨天谈论过社区三种关键人员的联合问题，这三种关键人员是国家创立者、科学简化者、科学传教士，他们不仅是单独的学生群体，不是单独的科学家团体，也不是单独的公民领导团体，而是一个联合体。整体理念渗透在整个领导层的头脑中。这在我们整个运动中是非常独特的。我想要你们重视它，然后在计划执行过程中，就能被那些对此有所了解的人所欣赏。整体理念不纯粹是教育的问题，也不纯粹是农业的问题，等等，它们是一个整体，是一个各种项目的紧密结合。分散的项目是不能对社区、对人民产生多大影响的。菲律宾乡村改造妇女会（RRW）在动员人的时候不只是深入乡村，不只是组织妇女，而是组织了妇女俱乐部。在菲律宾也有一些机构也从事相同的事业，但是，我强调的是菲律宾乡村改造妇女会把所有这三种重要人员真正组织起来了，而且体现了整体理念。你们正在这样做，我想对它解释一下。整体理念是真正可以在这个国家留下深刻印象的东西。

第五个理念是重新定位（re-orientation）。我相信我们的同事们对此有充分的理解。昨天我们谈过培训问题，似乎我们认为任何一个在某个学科受过一定的教育，特别在一个学科上获得过学位的人就具有培训他人的资格。但是，事实上我们根本没有那么做，因为受过一定教育的人太多了。我们说，一个人如果在特定的专业上获得了知识，那么他必须为解决人们的需求和问题而去运用他的特定技术与知识。只有那些能将科学知识和技能成功地转化为人民所需的技术的人，然后才会在乡村改造运动中获得丰富的经验。当他来培训的时候，无论是在农业方面，还是在合作方面，抑或是在教育方面，也还是在公共卫生方面，他都知道他谈论的内容是什么，因为我们的目标是为了人民，为了把科学带给人民。整个知识转化的过程本身就是一门艺术，而且是非常有难度的。所以我们始终在坚持，除非那些科学家、学者、教授都进行了重新定位，否则他们绝对不会在迎合人民的需求和问题上发挥作用。这就是许多来自美国的伟大的专家都受到挫折的原因。他们需要重新定位。这也是我们的高级成员在新怡诗夏省进行培训的原因。现在当他们进行培训的时候，他们知道自己所讲的内容，因为他们所教的内容不是来自书本而是来自实际的经验，这是一门新的学问。

第六个是整合理念（integrated concept），我想对此说得详细一些。我想我可以通过讲述我从欧洲回来后的经验来解释这个整合理念。我在法国的经历充满了教育意识——我发誓必须帮助中国人扫除文盲——当时我充满了热情。所以我从法国回来了，开始了平民教育运动。我们运用在法国积累的教“苦力”的简单经验。我召集了其他学者从四万个中国汉字里精选了一千三百个，编成了四册识字课本。学习这套课本需要大约九十六小时，以一天一小时计算的话，四个月即可学完。除去周日，平均到每个人每天只需一小时，只花费一角二分钱，可学完全部基本词汇。我们认为这是很惊人的，并且在展示成果之后，政府也非常激动。为此政府开始设立了社会教育司，这在我国历史上是前所未有的。在 1937 年日本侵略华北以前，我们所教的人数已经超过六千五百万，这些人都学会了读书和写字。我们认为这是一项伟大的贡献，在我国历史上是第一次。

某一天，一个已经学会识字的农民来到我们那里，对我们说：“老师，我现在已经会识字了，我的邻居还不识字，但是我的肚子和他的一样空空的。”他是以一种十分谨慎的口气说话，但是，对我来说是一个多么大的刺激啊。我们本打算只解决农民的头脑空白的问题，根本没想到还要解决农民肚子挨饿的问题。正是他们促使我们去考虑为农民的生计做点什么。然后我们开始分析对人民的生活来说什么是最重要的。我们总结出，既然百分之八十五的中国人生活在农村，从事农业，那么农业、耕作就是最重要的。然后我们就到大学里去请专家，最后我们请到了毕业于美国康奈尔大学的冯锐博士。后来我们与他的同事合作，通过引进波支猪和来杭鸡，达到能够提高猪的产量和鸡的产蛋量，同时帮助他们增加了棉花产量，我们试验出的棉花比标准的所谓“南京脱字棉”高出百分之四十的产量，我们认为取得了巨大的成就。但是，又有一个问题，那就是在种植期和收割期之间，贫穷的农民还得靠借高利贷维持生活。你们知道他们要付多少利息吗？百分之六十五。我们知道这是个不好的现象。他们的收入都被中间商剥削了。所以我们说，只教会如何收获得多一些对农民没有真正的帮助，这里还涉及其他一些问题。当然帮助农民增加产量是一个成就，但仅此还不够。如果仅限于此，还不是正确的帮助农民的方式。所有那些借给农民钱的人都是非常贪婪的人。针对这种情况，我们组织棉农加入信用合作社，这样他们就能以百分之八的利息借到钱。我们本以为这是一个成就，事实上并非如此，另一些情况又出现了。在收获时节，城里的大商人来到农村，以低廉的价格把棉花收购走，然后等到棉花的价格上涨的时候把它们卖出去。贫困的农民总是陷于债务之中，所以即使价格非常低廉，他们也很想把棉花尽快卖出去。让我们再重新思考一下，我们的所作所为对农民有什么好处。你帮农民增加了棉花的产量，他们可以收获更多的棉花，但却得不到更多的收入。增加产量和增加收入是完全不同的两回事，产量增加了并不意味着收入也增加。所以我们必须把所有的棉农聚集在一起，组织他们建立购销合作社。

我们认为那是一个伟大的成就，但是做得还不够，为什么呢？因为我们发现我们的农民一年之中有四个月是空闲的，所以他们在农忙时节挣得的仅有的一点存货很快就被吃光了。对此，我们引入村办工业，以确保农民整年十二个月都有收入。我们也以为这是一个巨大的成就，但做得仍然不够。为什么呢？因为我们发现这些农民每天只工作四个小时。开始我们认为是由于他们懒惰，但是，后来我们发现是由于他们患有肠道寄生虫病，这种病消耗着他们的体力。我们从来没考虑过公共卫生的事情，没有考虑农村医疗，这件事迫使我们去解决这个问题，所以我们建立公共保健制度，来预防疾病的发生。我们现在谈的是整合，我是想让我们这里的同仁们能真正意识到我们所做的各种事情之间有着内在的联系。这里有一个研究部门，现在由霍奎纳达（Honquilada）掌管，这是一个服务性机构。他和他的助手能够获得所有的事实，并对其进行分析，以服务于我们的农业和公共卫生事业。这个机构是服务性质的，它给你们的材料对于解释数据是必不可少的，而这些数据将会对你们的计划有帮助。你们会说："哦，那根本没用。"不是这样的，这个机构为所有的部门服务。你们又说："那仅仅是农业部门，那它对教育能做什么呢？为了使教育内容更丰富、更充实一些，你不得不从事农业活动。如果你是健康的，我们还能做什么呢？人民需要的是食物，我们的农业部门就能为菲律宾人服务了。"不，如果你们有病的话，还打算做什么呢？一个疾病缠身的农民就是可怜的生产者。换句话说，我们是彼此需要，我们关系密切，就像五个手指一样。你说这个手指太短把它割掉，那个手指太长也把它割掉，都是不行的。一双不完整的手、不健康的手是无法抓住东西的，除非你的五个手指都在。一个有趣的事情是，在中国人中流传着这样一种说法——"当一个人的头脑是空的，肚子也是空的时候，你和他谈论民主的时候，你的民主听起来也空了。”但是，在人民接受了良好的教育，头脑变得充实之后；在人民的肚子填饱之后；在人民有了健康的身体之后，我们就无法阻止他们对当地的乡村事务产生兴趣了。所以，我们整个四大教育的最后一个阶段就是建立自治政府。你们看，我们的四大教育是怎样演变的？我们不能在办公室，也不能在卧室、起居室、档案馆或图书馆里，制订我们的工作蓝图。绝对不行！我们要面向民众，和民众工作在一起，生活在一起，先做他们的学生，向他们学习，了解他们有什么问题、有什么抱负，担心什么，希望是什么，然后我们用最好的技术和文化，与此同时，利用能够为我们提供最好的技术和方法的科学家，然后发展出适合农民水平的方法和技术。我们用这些技术来对他们进行训练，然后他们又用学到的知识和技术处理他们自己的问题，并对我们进行监督。自治政府不是从乡村改造运动的开始就出现，而是在最后阶段出现，这完全是很自然的，它是我们文艺教育、生计教育、卫生教育的必然结果。大家知道，正如柏拉图所说，人是天生的政治动物，你无法阻止它。但是，当一个人的头脑是空的，肚子也是空的时候，你能做什么？这是一个我们很多时候都在说的问题。愚、穷、弱、私这四大问题是相互关联的，我不能过分强调理解这个问题的重要性，但是，要知道一个问题的解决必然是依赖于另一个问题的解决。因此，当马纳汉先生第一次接触那个研究部门的时候，也就意味着他在心里已经记住了其他部门。他有这种意识，但是，还需要一步一步地、一个阶段一个阶段地去做。因此我们必须对四大教育之间的联系有一个完整、彻底的理解，然后我们才会像一支真正的团队在一起工作。这样，你我之间的教育计划才能相互弥补、强化，我们才会有一支真正伟大的团队。任何一个方面都对另一方面的成功发挥着作用，这就是我所说的整合理念。

第七个是模式理念（pattern concept）。我觉得对整个事业讲还不是非常充分，我对中国农村复兴联合委员会说得很少，没有机会和你们讲述它的发展过程，包括它是如何产生的，现在的情况怎样等这些内容，也许以后有机会我会对此进行讲述。最近四十八年来的乡村改造运动，我们想发展两种模式：一种是私人（民间）模式，即乡村改造中人对人的模式；另一种是政府模式，即政府对政府的模式。在菲律宾，政府所具有的合作精神——我称之为帮助志趣相投者的精神，是我决定选择菲律宾作为推广乡村改造运动中心的原因。正如我昨天提到的，与政府在每个领域合作都是有可能的。我们在这里开展的乡村改造运动，是想要发展出那种有活力的模式，再则，这种模式意识是非常重要的。请记住，你们不能只是做一些零碎的改造计划，尽管很多组织在那样做。我们是一个很有抱负的团体，是一个非常有科学性的团体，我们不想在这里做那些琐碎的事情，但是，一旦我们开展了一个又一个项目，这些项目必定是相互关联的，最终它们会形成一种模式。世界上不同的地方对这一概念的理解有很大的差别。非洲、阿拉伯以及整个埃及等地方的许多乡村机构在与当地的组织合作开展公共卫生计划，这些机构会给当地提供一些钱或者派遣一名医生，然后就转到另一个乡村去。在拉丁美洲的危地马拉，有一个团体在做同样的事情，他们说："哦，很好。"然后给当地两千美元，再提供一些人员，就会向外界报道他们正在四十五个乡村工作，这就是他们的工作方法。但是，我们不那样做。我们所做的每一件事、开展的每一个项目都是有意义的，项目与项目之间都是有联系的。我们做事的结果就是形成一种模式，就像一个拼图，所有不同的图片最终会形成一幅画。如果我们在做事的过程中，对于我今天正在变化的事情不加注意的话，你们就会发现我们所做的事会出现什么样的后果，那就是做了很多零碎的事，但没有形成模式。因此你们必须从一开始就设想要尽力做什么，只有这样最终才会形成一种模式，这种模式又可以被其他国家或访问者所复制，否则你们的工作价值就会非常有限。最好你能立即为眼前乡村人民谋利益，如果你不能为其他乡村的人做什么事，就更别说为其他国家，为后代了。让我们把这种做事的方法放置一边吧，我们就能去做一些事情，当然，所做的事必须能够给人民带来即时的利益，否则，是没有好处的。但是，也要记得，我们必须做有意义的、与人民的需要有关系的事，这样才能使我们建立的模式被复制和仿效，而这种模式不是仅仅限于现在，因为这种解决愚、穷、弱、私的事业将会持续几个世纪，我们的后代将会由此受益。没有什么短期的事情是可以让我们感兴趣的，它仅仅有一些好处，其实也没有什么好处。某些人可能那么做，但我们不那么做，我们不属于那种类型，那样做代价太昂贵，太浪费时间和精力。所以，我想在此再次重申这一点，在文艺教育上必须是一个完整的体系、一个模式，而不是零散的；在卫生教育上也必须是一个体系、一个模式，而不是零散的。在同类事情上要相互合作。我们与在菲律宾的同伴保持着长期的合作，我们在这里发展了一个好的乡村改造模式、一个本土模式。

（选自《乡村改造运动的基本理念》）

在马尼拉拜访晏阳初博士

李济东

1988 年 4 月 19 日，我们应菲律宾国际乡村建设学院的邀请，赴菲参加了中国、菲律宾乡村建设讨论会。是日天高云淡，我们河北、四川、国家教委赴菲代表团的成员一行 7 人，乘坐银白色的中航 737 班机，上午 10 时从北京起飞，经过 5 个小时空中翱翔，到达目的地菲律宾首都马尼拉。踏上异国的土地，我们有一种新奇感，一切都是那么火热：火热的情谊，火热的场面，由于天气的关系，机场上到处散发着热气。

我们慢慢走下飞机，热情好客的主人早已备车伫望，接我们驶向甲米地省雪兰市。途中，窗外美景频频映入眼帘——宽广平坦的公路，穿流如梭的轿车，葱绿茂密的树木，五彩缤纷的花朵。在车上，主人介绍说，菲律宾领土 29 万平方公里，人口 5700 多万，整个国土由 7000 多个岛屿组成。它的森林覆盖面积达 44%。属亚热带气候，年降雨量为 2000~4000 毫米，盛产稻米、甘蔗、香蕉、菠萝、木瓜，还有芒果。

下午 5 时，我们来到住地菲律宾国际乡村建设学院。这所学院是晏阳初先生 1960 年创办的，总面积 52 公顷。主要任务是培训乡村建设人才和管理人才，迄今已培训了来自45个国家和地区的500多名乡建人员，为国际乡村建设作出了巨大贡献。我们沿着崎岖幽静的水泥小路前行，依次参观了学院的教研室、图书馆、教室、体育场、游泳池和教师职工宿舍。整个学院布局合理，规模宏伟，尤其是在那大片大片的实验园里，泛着青绿的农作物生机盎然，修整如盖的果树亭亭玉立，姹紫嫣红的花草争奇斗艳，把实验园点缀成了一个绚丽多彩的大公园。

最后，我们来到晏阳初先生的夫人许雅丽女士的墓地。站在墓前，我不禁浮想联翩，想到晏氏夫妇发自强国富民之宏愿，于1929年毅然放弃优越的工作条件和舒适的城市生活，风尘仆仆地迁往贫困饥馑的河北定县开创平民教育事业的事迹。

时到今日，在晏氏夫妇生活和工作的翟城、李亲顾等村的年逾古稀的老人，每念及此都赞叹不已。我站在高高的锥形纪念亭前，心中充满对这位女性的怀念和崇敬之情。

4月20日，会议即进入讨论阶段。在15天会期里，耋龄鹤寿的晏阳初先生先后5次亲自为我们讲课，分为平民教育的开创、平民教育运动、平民教育实验、四大连环方案和乡村改造信条五个专题。我们从中了解到，晏阳初先生及其同仁在平教活动中，如何针对中国二三十年代贫苦农民的“愚、穷、弱、私”四大弊病，通过文艺、生计、卫生、公民四大教育给予医治，进而发扬国民之“四力”，即以文艺转育治愚，发扬知识力；以生计教育治穷，开发生产力；以卫生教育治弱，培养健康力；以公民教育治私，培养团结力。在此基础上晏阳初先生又于1951年建立了农村建设委员会，进一步提出了“扫天下文盲，做世界新人”的口号。他以“定县实验”作为“实施人类社会教育的实验场”，不遗余力地向世界推广开去，最终形成了一套独特的“固本、宁邦、平天下”的教育思想，足令世人钦佩，堪称一代楷模。

21 日，晏阳初先生在他的寓所接见了我们。晏先生的住房是菲律宾式的两层白色小楼，四周花木葱茏，一层为两厅一室，布置得典雅别致。晏先生在家人搀扶下从内室来到客厅，一进客厅就笑盈盈地说："你们不远千里，从祖国到菲律宾，今天又来看我，我非常高兴地欢迎你们！"随即热情地同我们一一握手。我同他握手时，站在旁边的颜彬生女士向他介绍："这是定县的李先生。"晏先生异常激动地说："家乡来的，欢迎！欢迎！"我说："临来时中共定州市委、市政府、市人大、市政协的领导同志一再叮咛我，代表他们和定州市近百万人民向您问好，并祝您健康长寿！"他连连点头："谢谢！谢谢！"我接着说："欢迎您有机会再回祖国，去定县看看！""谢谢，只要我身体允许，我愿意回去看看……"大家坐下以后，河北省政协常委严仁覃代表河北省政协送给晏先生一幅《击水南海》的画，他看后非常高兴，说道："雄鹰击水，很好！很好！鼓励我搞事业就像雄鹰击水一样，要有勇气。"他反复审视着画面，语气变得很深沉："这幅画送给我，给了我很高的评价，我感到荣幸。"随后，我代表定州人民送给他一对健身球，两幅画，一套《今日定州》影集。我送上定州市文化馆谢立堂同志画的月季花时说："月季花是河北省的省花，也是定州市的市花，这幅画曾在北京展出，受到过各界人士的好评。"严仁覃同志又念了画上的四句诗，特别点明最后一句"晏子来时花更开"的含义，晏先生听后笑逐颜开，说："画得好，这是一枝光大的花……定县人民要我在事业上发扬光大。"在座谈时，晏阳初先生说："为了平教事业，我想活到 120 岁，干到 120 岁……"他把我们这些乡亲看成是自己的亲人，和蔼、亲切地一一回答我们提出的问题，他还给我们讲他的教育思想，讲他的"九大信条"，讲他对祖国的希望。他语重心长地说："我干了 70 年，就是要开发世界这个大‘脑矿’。”“我们中国有金矿、煤矿，这矿、那矿，但最主要的是要开发‘脑矿’。世界最大的‘脑矿’在中国，要充分挖掘劳动人民的潜在力，把10亿人民的‘脑矿’开发出来，就是对人类的最大贡献。”座谈结束时，我们和晏先生合影留念，然后，他坚持送我们出门。

访菲期间，我们亲聆了晏阳初先生的讲话，参观了平民教育的新成果，切磋了乡村建设的经验，深感晏先生“九大信条”和70年的实践，有许多地方值得我们借鉴和学习。

（选自《在马尼拉拜访晏阳初博士》）

在世界黑暗处点亮明灯

范　超

1950 年以后，晏阳初将自己的事业转移到更广阔的国际舞台——第三世界的一些国家，以定县实验的基本经验与中国平教与乡建的理论为基础，在泰国、菲律宾、印度、加纳、古巴、哥伦比亚、危地马拉等国，继续为平民教育与乡村改造奔走，指导推行田间实验与社区教育，将初期的“除文盲，做新民”的口号扩展为“除天下文盲，做世界新民”。

1955 年，他被美国《展望》杂志评选为当前世界最重要百名人物之一。国际舆论给予他崇高的评价，称赞他是具有坚定信念与丰富想象力的英勇学者、劳苦平民心智与精神的解放者、世界平民教育之父、真正的哲学家与人道主义者。美国著名作家诺贝尔文学奖获得者赛珍珠，称颂他“在世界黑暗之处点燃了一盏明灯”。菲律宾总统、泰国国王都把自己国家的最高荣誉奖章颁发给他，以表彰他对各自国家所作的杰出贡献。

晏阳初最终走向全世界，走向南美、非洲和东南亚，这符合他的个性，他“勇猛开拓”的精神和他介入广大第三世界民众苦难的命运，帮助他们发扬潜在的伟力的信念。

1988 年晏阳初 98 岁寿辰之际，美国总统里根在给他的贺词中说："在我任职期间，最大的报偿之一莫过于得知有像您这样全心全意为他人服务的贤达之士。"

1989 年，美国总统布什在给晏阳初的生日贺词中说："通过寻求给予那些处于困境中的人以帮助，而不是施舍，您重申了人的尊严与价值。""您使无数的人认识到：任何一个儿童绝不只是有一张吃饭的嘴，而是具备无限潜力的、有两只可以劳动的手的有价值的人。"

（选自《世界平民教育之父——晏阳初》）

把平民教育运动推向世界

夏辉映　宋恩荣

第二次世界大战结束之后，美国总统罗斯福提出了著名的四大自由宣言——言论自由，信仰自由，免于匮乏的自由，免于恐惧的自由。晏阳初认为这个口号对于世界和平、民主、自由确有重要意义，但还不够全面。全球 2/3 的人民应有更加重要的一个自由，这就是“免于愚昧无知的自由”。1943 年晏阳初就这一问题与美国友人研讨，极获赞同。美国《读者文摘》杂志刊文介绍中国的平民教育运动和晏阳初，由此晏在美国朝野的影响日益广泛，因此获得许多道义上和经济上的支持。1946 年 3 月 11 日，美国总统杜鲁门约见晏阳初，晏陈述了平民教育的重要性，杜鲁门极感兴趣。后来在晏的倡导和直接参与下，“国际平民教育运动委员会”在美国成立。1947 年 8 月，晏应邀出席联合国教科文组织巴黎研讨会，作了题为“平民教育与国际了解”的讲演，强调愚、穷、弱、私并不是中国特有的现象，世界上 2/3 的人民都有如此苦难。我们需要和平与繁荣，但绝大多数的人民如此苦难深重，和平繁荣从哪里来？会后晏阳初被联合国教科文组织聘为特别顾问。

1952年，国际平民教育运动委员会决定以1万元资助晏阳初到东南亚各国考察。晏阳初与夫人及秘书汤静怡女士自纽约启程，经旧金山、关岛开始了对于菲律宾的访问。他了解到菲律宾教育界早就开始学习中国定县的平教经验，而且菲律宾农村状况与中国有许多相似之处。他认为在菲继续平民教育是一个比较理想的场所。访菲之后，晏阳初一行又访问了印尼、泰国以及印度诸国。为以后在菲律宾建立国际乡村改造学院做了许多准备工作。

1967年，在晏阳初的主持下，国际乡村改造学院在菲律宾的开维特省希朗镇建成，它成了全世界平民教育与乡村改造运动的中心，肩负着实践、研究、人才培训与国际推广的诸项任务。建院以来已为亚非拉第三世界国家培训了1000多名从事乡村教育与乡村改造的实际工作人员和高级管理人员。一些发达国家如美国、日本也派人前往受训。现在晏阳初在卸掉第一任院长职务后，仍任该院董事长，为全世界平民教育与乡村改造工作辛勤工作。

为表彰晏阳初先生毕生从事平民教育工作的伟大精神，1988年美国总统里根特颁奖状，奖励晏阳初在扫除文盲与饥饿工作中的卓越贡献。在晏阳初先生95岁生日的时候，里根又致电祝贺，赞扬晏阳初谋幸福于人类的伟大工作，说这是晏先生“赠送给未来一代的最宝贵财富”。

（选自《平民教育家晏阳初先生》）

第　五　辑

亲友追忆：“穷干，苦干，硬干了七十年”

先生歸來兮

一个赢得农民爱戴的人

胡絜青

我和晏阳初先生在抗战时有过接触，以后我曾在他主办的重庆歇马场乡村建设学院任教，和他的许多跟随者共过事，由他们嘴里又知道了不少他的事迹。我家的朋友圈里，说不上是什么原因，本来就有不少阳初先生的共事者，我们通称他们为“乡村建设派”，像赵水澄先生、方白先生、席征庸先生、王向辰先生、王庚尧先生，等等，我们之间来往非常的密切，所以，我由他们那儿也间接地了解了晏先生。这样，七拼八凑地，我对晏先生有了一点点认识。

首先，我觉得阳初先生是个真正干事业的人。他在一个领域里开创了一个事业。这个领域就像发明家似的，都会在历史上永垂千古。发明有大有小，作用也有大有小，但都是前人没有搞出来的。它的价值在于第一个碰了，搞了，由无到有，发生质的飞跃，从此世界上多了一样东西。晏先生的乡村建设有和土地改革异曲同工的目的，都是为了改善农村的状况，进行社会改革。所不同的是走的途径，后者是革命，从所有制的彻底改革入手，而晏先生较为温和，是一种真正含义上的改良，而且铺面很广，试图从各个方面齐头并进，包括政治、文化、教育，等等。晏先生像任何一个发明家一样，是个大理想主义者，并为这个理想而献身，不怕挫折，不怕失败，不怕打击，不怕来自不同的方向的攻击，包括同路的人，往往是更加严酷的打击，能够忍辱负重，能够百折不挠，能够反复试验，想出各式各样的试验方案，身体力行，加以实践，不达目的决不罢手，不管付出多大的代价。从这个角度上讲，晏先生身上有着宗教家般的狂热、执着和无我。他干事业的精神是多么值得敬佩啊！晏先生是欧文、傅立叶、列夫·托尔斯泰、武者小路实笃式的人物。所不同的是，晏先生的试验持续的时间比他们的都长，规模比他们的都大，影响比他们的都远，成效也比他们的都显著。晏先生的乡村建设成了世界性的运动，他本人也成了世界杰出人物。世界社会改进史上永远记有乡村建设这个名字，作为一个事业！而这个事业的创立者叫做晏阳初。

其次，阳初先生是农民真正的朋友。他一生为农民做了无数的好事，至今，在河北定县、内蒙古河套垦区、重庆歇马场，农民们对他还念念不忘，念他的好处，念他的恩情。他为他们修过路、种过树、开过工厂、办过学校、演过戏，有许许多多的实实在在的业绩，其遗迹和影响现在也还能找到，成为摸得着、看得见的可以遗传下去的史迹。这些史迹是阳初先生的足迹脚印，一直受到农民们的爱戴和保护。我还要补充的是，阳初先生还有许多工作是极富远见的，譬如他非常重视乡村的文化普及。我家的那些熟朋友中有许多人是从事通俗文艺创作的大将，其实，他们的大本营原来是在阳初先生那里的。像老向这样著名的乡土文学作家，像熊佛西这样的著名戏剧大师恰恰是诞生在阳初先生的试验基地里的，或者是在他的试验基地里领衔从事文艺面向大众的普及工作的。晏先生的试验基地是用人才、爱人才和出人才的地方。在抗战时期，这批由乡村建设出来的文人在“文章入伍，文章下乡”中起了中坚作用，成为抗战文学中通俗文学的最有力的倡导者和实践者，并取得了杰出的成就。

一个人，有心为穷苦的广大农民做实事，不管他的成败，他都应是一个受人纪念的人，因为他有一颗仁慈的心，一颗善良的心。晏阳初先生就是一个这样的人。一个在中国大地上赢得农民爱戴的人，必是一位伟大的人。一个一生忙碌使农民安居乐业的人，虽然外表瘦小，却是一个永不消失的高大的人。

（选自《小小的认识》）

鞠躬尽瘁为农民

陈志潜

我和晏老结识超过了半个世纪，其中 7 年共事，朝夕相处，彼此无所不谈。他的一言一行，一举一动，指引着我的人生道路，他是我的良师益友。

现在他离开我们已有两年多了，但我对晏老的缅怀之情与日俱增。他的音容笑貌不时在我回忆中浮现，他的高大形象永远矗立在我的心间。

引导我选择指向农村的道路

使我最难忘的是 1928 年，算来距今已整整 65 个年头，当时我在北京协和医院任住院医师。一天，晏老忽然来到我院高级病房客厅，对青年医师们作我国农村的社会状况的报告。他说："农民的健康状况，确实可用'东亚病夫'四个字来形容。目前，90% 的中国人生活在卫生状况极其落后的环境里，他们根本不知道什么叫做清洁，许多人整年没有洗过一次澡；农闲时，坐在太阳下，脱下衣服来捉虱子，虱子真不少；小儿头上生癣，又臭又脏；妇女怀孕多，生下婴儿多，但死的也多；无论男女老少生了病，没人给医，也没钱求治。你们想一想，人民大众的健康生活如此落后，我们怎能在世界上站得住脚？优胜劣败，我们如何去和外国人竞争？以在座的你们来说，确实比他们幸运，生活得比他们优裕，知识比他们丰富，如果我们这些人不负起责任去帮助他们，谁又来负此责任？你们现在是在东亚条件最好的医学院校学习，又在设备最好的医院内工作，如果你们饮水思源，就应该想到你们的一切优越条件都是受苦受难的农民帮你们创造的。我很希望你们多出去看一看我们广大的劳动人民是在怎样生活，相信你们会对他们表示同情，而会进一步对他们做一些有益的工作。我今天来同你们一起讨论，就是希望你们这些受过最好教育的青年医生们能同国内平民教育运动结合起来，把我们中国的大多数人民的生活加以改善，让他们的聪明才智得到发挥，让他们为我们国家的建设增添力量。这种工作是很有意义的，希望你们多多理解这些问题，将来离开协和医院后，也可能帮助这些农民，改善他们的生活与健康，提高他们的知识水平和工作能力，我们教育界的同仁们迫切希望你们，对你们的合作表示热烈的欢迎。”

晏老的那一次讲话，用了两个小时，既亲切又有说服力，我很受感动。虽然 1925 年，我是协和医学院学生会的代表，参加过北京市学联所做的一些社会工作，但事后想起来，那些活动比较脱离实际。虽然当时我们也觉得自己对国家的前途，负有一定责任，但作为一个医师，如何来救国，还是心中无数的。听了晏老这次语重心长的讲话后，我受到了很大的启发。

我于 1929 年辞去了学校助理住院医师的职务，到南京近郊的晓庄师范开设卫生课程，并在学校附近开设防治疾病的卫生所；生活虽清苦，工作条件也简陋，但我觉得在农村做医疗卫生工作，与平民教育相结合，工作效果显著并很受农民欢迎，心情十分舒畅。

团结专家，创业育人，鞠躬尽瘁为农民

1931 年底，我从国外留学回南京，又见到晏老时，他对我说：“现在晓庄师范学校和晓庄乡村卫生实验区都不存在了，我们在河北定县开展平民教育取得良好成果，我们已经在那里开始乡村建设工作，你可否去定县考察一下我们的平民教育和乡村建设的工作情况？”回到北京后不久，我就去了定县。使我感到惊奇的是，在晏老主持的定县实验区内，已拥有许多受过高等教育的工作人员，他们中有些还是专家教授，如主持社会调查的李景汉教授，长期住在定县，他在全县范围内进行农村社会的经济、文化、文娱及卫生条件等的逐户调查，他对我除了口头介绍外，并给我看了许多统计图表和有关文章，使我大开眼界。除了农民的健康情况外，我还了解到不少与农民健康有关的社会因素，我在那里等于是从头学起。我认为比在美国哈佛大学所学到的卫生学理论更切合实际。

我又参观了各村的平民学校、实验农场以及当时的卫生教育工作，感到晏老所主持的定县实验确实采用了近代科学方法，启发了农民的聪明才智，并使他们觉悟起来，主动地建立起自己的新的生活和生产劳动。卫生工作在整个乡村改造工作中成为一个重要的组成部分，它不仅防病治病，且大大有利于农村社会面貌的改观。我觉得，这种医疗卫生工作的意义比单独行医要大得多。

参观完毕，晏老问我有何感想，我毫不犹豫地对他说：“定县实验区可以为国家积累乡村建设的经验，将来政府可以采用这些经验进行广大农村的改造，这个工作，意义重大。”他说：“我同意你的认识，我们经过慎重考虑，认为你应该来到定县同我们一起工作，我对你表示欢迎。”我受到他的影响，回北京后，向协和医学院的领导表示我有意去定县工作，想不到学校一口赞同，并聘我为讲师，同时派我为该校师生在乡村创立卫生教学基地。我把全家搬到了定县。就这样，我和晏老就共同工作了。

现在回想起来，晏老聘请工作人员，不是光凭口头劝说，而是通过让人实地观察，切身体验后自愿参加，这样招聘人员的方法，在当时农村事业中确实少见，而晏老正是用这种办法，使招聘来的工作人员心甘情愿地长期住在农村，心在农村。他们不存在安心不安心的问题。

我到定县后，发现晏老本人虽然不是搞自然科学的，但在工作中坚决服从自然科学规律，并且对搞自然科学的人的工作完全信任、支持，决不轻易干涉。例如，他请过一位热爱农村的冯锐博士主持农场，冯锐根据社会调查的资料，摸清了定县的生猪特性后，从国外引进了与定县生猪特性相适应的猪种，并且很快地培育出了一种优良的新猪种，颇受农民的欢迎。这样，无须特别宣传，农民自然而然地来到农场接受农业科学教育。1985 年我返定县，亲眼看到冯锐博士当年培育出的猪种，还在推广。

晏老也关心农民的文娱，他聘请了一位在戏剧方面富有创造性的熊佛西教授，通过戏剧破除迷信、解放思想。他把一些对戏剧有爱好的农民集合起来，教他们演出由他编写的《中华儿女》，一部有名的爱国剧本。定县农民破天荒地上台演戏，台上台下连成了一片，真是轰动一时。解放后，熊佛西教授仍然热心提倡农民自己演戏，通过戏剧，自己教育自己。

在卫生方面，据调查，定县 472 个村子里，没有一个正式的医师或护士，农民有了病只有求神拜佛，听天由命。在这种情况下，要想改善农民的健康状况，增强他们的劳动力，必须建立一个长期有效的渠道来灌输卫生知识并进行防治工作，但农民如此穷困，要在各村设置卫生人员，农民无力养活。因此，晏老支持我们在平民学校毕业生中挑选愿为社会服务的青年，给以最基本的医药科技培训，使他们能掌握最迫切需要的卫生措施，长期地在各村中防治一些常见病，在这个基础上建立了一套保健制度，使定县的农村卫生形成了自下而上建立起来的卫生机构，就是今天农村保健组织三级制的先驱。当时的定县保健制度是世界闻名的。

以上这些说明晏老在他一生中严格采用科学方法，选聘人员时经过深思熟虑，慎言慎行；对同仁极端诚恳，决不轻信轻疑。他说：“我们聘请工作人员有四个标准：第一要有能力，第二要能创造，第三要有奉献的决心，第四要有大公无私的精神。”事隔半个世纪之后，1981 年他邀我去菲律宾在他所建立的国际乡村改造学院讲学时，我发现他尊重科学，慎用人员的作风仍保持着在定县时的原则。

非凡的智慧和坚毅来自对农民的无限忠诚

晏老的心中只有农民，可以说，他的一言一行都是为了农民的利益。对农村的社会调查给了他非凡的智慧。对农村的情况他比谁都清楚。也正是一颗真诚的要拯救农民以救国的爱心，赋予了他非凡的坚毅。

记得在 1933 年，定县实验初见成效，引起了当局的注意和知识界的议论。北方的一些知识分子在《独立评论》和《大公报》上写了一些评论文章，褒贬兼有。晏老看后，从来不在同仁们面前表示赞同或不满。就在这时，美国洛氏基金社副社长 S.M. 冈恩到定县参观，在晏老家住了两天。他对定县实验区的工作颇为赞许，有意将其推广，表示愿意经济资助。晏老表示，如果洛氏基金社愿意在中国农村做一些建设工作，就必须就地培训一批符合农民需要的人才。但冈恩的意见认为培养这种人才，应通过大学教育系统，因为师资集中在高等院校。为此，两人发生争执，晏老认为当时的大学领导和教师对中国农村和农民从未有接触，这些人根本不了解农民，更不可能为农民作出牺牲。如果要培养为农村服务的青年，必须尽可能地利用现场活动，使一些有志青年在实际活动中培养对农民的感情来取得解决农村问题的实际经验，这是大学教育所做不到的事。冈恩对晏老的看法未表同意。

继而于 1935 年以南开大学为首，北京的燕京大学、清华大学、协和医学院和南京的金陵大学联合成立了华北农村建设协进会（下称“协进会”），旨在指导农村改造和培养农村工作人员，让定县实验区仅起为大学培养人才所需的现场基地的作用，晏老对此表示反对。

我当时是北京协和医学院的教师，但我的实际医疗卫生工作在定县，我觉得这些大学也可以像北京协和医学院派我到定县一样，从他们的教师中挑选有志于农村改造的人员来到类似定县的地区进行农村改造的实验，并尽可能地采用定县经验，吸取定县的教训。我还认为这样做，对广大农民和农村建设是有利的。为此事，我和晏老讨论不止一次，但晏老始终认为当时的大学教师，留恋城市舒适的生活、轻松的工作，只愿在图书馆和小型实验室里活动，发表一两篇文章，空谈农村工作重要性之类，或者提出几个隔靴搔痒的缺乏实际调查依据的建议。他说：“他们的这些工作与老百姓的痛痒无关，他们不会把自己的家搬到农村去与农民共同生活，与农民同呼吸，共命运；他们现在口头上所谈的农民教育大半都是纸上谈兵，目的是想从国外多捞些经济资助，资助到手后，他们还可能把钱用在与农村建设无关的项目上去。”在当时，晏老认为只有集中少数有志之士住在农村，进行以平民教育为主的各项建设工作，才能取得第一手资料，作为农村建设计划的依据与参考，等到国家有了条件时，再谈扩大与推广工作。我当时觉得他的看法是有道理的，只不过认为，他对大学所有的人员做出的概括性评论，似乎把华北几所知名的大学的领导和教师的爱国思想全部否定了，他这样的看法带有片面性；认为他不愿接受华北农村建设协进会的意见，是否他的个性太强了。

由于协进会与晏老意见分歧，放弃了原来的以定县实验区为基础的计划，改在山东济宁去从头干起，走了不少弯路。抗日战争开始，协进会搬到贵阳，以后的活动虽然结合农村情况进行过一些试验，但原来参加协进会的几所大学，对农村实际工作的兴趣随着战争情况的变化，已逐渐减少。抗战结束前，协进会只是勉强维持了一段时间的局面，内部不团结，不合作，真正的乡村建设工作难以进行。相反，在抗日战争期间，晏老把定县部分同仁集中在湖南衡山县，仍然进行农村实验与培养农村建设人才。后来又在四川巴县成立乡建学院，继续进行平民教育与农村改造工作，虽然也受到战争的影响，但工作却始终不断地在推进着。解放前夕，他去菲律宾，成立国际乡村改造学院，仍然是仿照定县的工作方式进行活动。

以上事例，可以说明晏老具有非凡的智慧和坚毅，不能不令人信服，而他的这种非凡的智慧与坚毅是来自对农民的无限忠诚。

后继有人，农民教育的先驱者永垂不朽

1936年，北京协和医学院提升我为副教授，要我回校多做些校内教学工作，因而减少了我在定县做实际工作的时间，晏老对此虽未表示反对，但我想他是不会高兴的。抗战时期，他撤到湖南、四川后，仍和我保持联系，研讨一些农村卫生问题。解放后我们失去了联系。直到1980年，我国实行改革开放后，他马上与我联系并邀请我去讲学。我在菲律宾劝他回国看看新中国，他欣然允诺。1985年他打电话到美国约我去菲律宾同他结伴返国，在北京他接触到一些政府领导干部及社会人士，1987年他又来北京，并与国家教委有了联系。他对祖国的怀念，一如往昔，仍然保持着他那海外赤子的一片爱心。

现在晏老虽已离开我们了，但他的事业后继有人。他与国家教委的联系已由他的继承人继续进行；他在抗日战争时期所培养的青年还在不同的岗位上进行着农村的教育与建设。1992年11月，在他的一位学生的倡导下，于四川师范大学设农村改造的讲座，他们还在校园里为晏老和陶行知老人树立了塑像以志纪念。虽说他去菲律宾距今已近40年，可是他的思想言行，他过去在国内所创的业绩，至今仍受到国内很多有识之士的重视，国内已成立一些研究会、展览馆，出版不少专著，专门介绍晏老的思想和经验。这确实是很难得的。当今我国正在大力抓农村的改革工作，晏老这位农村教育的先驱，更应该成为我国农村教育工作者学习的榜样。

我们要学习他信念坚定，团结同仁，克服困难的精神。以他的才华和毅力，解放前他有很多机会去当政府官员，去过比较舒适的生活，但他一直住在农村，甘愿和农民一起生活，始终以农民利益为奋斗目标，七十年不变。我们应该学习他的这种高尚精神。

就我个人而言，能有机会和他建立友谊并在他的指导下做一点对农民有益的工作，是十分幸运的。现在我虽已年逾九旬，但还在中国农村卫生协会担任顾问，同时四川省卫生协会还聘我任名誉会长，给了我继续为提高农民健康水平而服务的机会。我愿向晏老学习，为农村卫生服务，直到最后。晏老为农村建设奋斗终生的精神永垂不朽！

（选自《乡村建设的先驱——缅怀我的良师益友晏阳初》）

造福全球的乡村建设垦荒人

颜彬生

认识晏阳初先生的中外人士，对他都有不同的看法。有些人敬佩他一生不畏艰苦为平民服务，把他当作近代的圣人。有些人认为他是一个理想家，梦想用和平方式改造第三世界农村。有人只知道他早年大规模推动识字运动，是《平民千字课》的创始人。还有人知道他赤手空拳发动平民教育，有超人的募捐能力，可以使顽石解囊。更有人认为他踏遍全球推动乡建，是一个有远见、有活动能力、长袖善舞的政治家。

国际乡村改造学院的历任理事和曾在学院服务多年的高级人员，对晏阳初先生认识比较深刻。他们大都认为他有坚强的使命感，有一个健全和有实用价值的方案，可以帮助第三世界的农民解决他们的基本问题。我认为晏阳初先生是一个多姿多彩、意志坚强、目光远大、个性复杂的人。总的来说，对晏阳初的看法，可谓仁者见仁，智者见智。

1946 年的夏天，我在纽约省中部的斯坎纳地城奇异电气公司，做电磁研究工作，已逾三年，正好第二次世界大战结束，有意回国。这个消息和我的一张照片被登在奇异公司的报纸上。公司的董事长史我浦先生读到了这条消息，就约我去谈话，介绍我加入晏阳初先生在纽约市的平民教育运动办事处工作。我在中学时，就知道了晏先生，而且先父也曾经担任过平教会的委员长。因此我就开始了将近50年的乡村改造工作。现在我虽已退休，仍在乡村改造学院任董事，帮助学院各方面的工作。

晏阳初先生所以能成为中国平民教育和世界乡村建设的巨人，以我看来，是因为他很早就认识了中国的老百姓几千年为贫困无知所困扰，不是因为他们缺少智慧，而是因为他们缺少机会。1918年正值第一次世界大战，晏先生去法国为几万华工义务服务时，发现了这个道理，就立志终身从事这项艰巨的社会改造事业。他前后一共奋斗了70年，给全世界各地贫苦的农民，提供了具体的方案，使他们能有机会，用自己的力量改良自己的生活。

晏先生既有崇高的理想，又有实事求是的精神。他不仅有高度的自觉性，而且注重详尽的分析。他平时心平气和，态度和蔼，但是在特殊的情况下，可以变得非常严厉。他专心工作，绝不肯浪费时间去做没有意义的事。

另外一个很重要的特性：他忠于他的同事，但也要求他们对他绝对忠心。

如在70年代的一个雪夜，我们在办公室要赶快完成一个募款的方案。我那时住在离纽约市20公里的乡间，平日乘火车进城，再乘公共汽车去办公室。那一天是星期六，火车班次不多，所以我从家里直接开车进城。通常每逢夜晚加工，晏先生一定也留在办公室，要等事情做完了，才和大家一齐回家。但是那晚晏先生因为有事，所以提前回了家。我完成了那个建议书，就立即开车去他的公寓交给他。当我的汽车接近他的公寓时，远远看见公寓的大厅内，灯火通明，晏先生站在玻璃门内，穿了一件黑呢大衣，一手拿了一杯牛奶，一手端了一盒饼干。他一定要我在驾车回家以前，先吃一点东西，以免过分疲劳。

又如 1965 年，有十几位第三世界农村高级工作人员，来到菲律宾的 IIRR 接受培训。周末时，他们就去马尼拉的红灯区游荡。这消息被晏先生知道了，他立刻召集所有参加培训的学员及学院的高级教职员，到礼堂开会。他怒气冲天，边讲边用拳头拍桌，将训练班的规程逐条解说，就像是对年轻学生训话一样。这些行为失检的学员，都当场认错，并保证不再有越轨行为。我不禁联想到《圣经・旧约》里的摩西。因为跟从他脱离埃及的以色列人民，一度放弃了上帝而去崇拜金牛偶像，使得他（摩西）大发雷霆。

中国解放后，晏先生的乡村建设，在国内已不便继续。年届 60 岁的他，仍不退休，也不闭门写回忆录，却去到许多第三世界国家。考察农村情况，发现那些国家的社会组织和经济发展，与过去的中国相似，而且愿意接受和采用他过去工作的经验。1951 年他被菲律宾民间领袖邀请，去协助创办菲律宾乡村改造运动。我清楚记得，有一天傍晚，我们离开办公室走过一条长廊，去乘电梯下楼。他站在电梯前，很坚决地和我说："我们重新开始，去创建一个新的运动。"正如他常说的："机会不会自动来寻找我们，我们要主动地去寻找机会。"中国的晏式乡建经验，打开了第三世界的大门。

晏先生虽有很强的自信心，但也需要同事的支持。重要的问题，经过反复讨论，决定了方向，就要大家合力推动。在讨论的过程中，有时争辩激烈，他甚至于怀疑，坚持不同意见的人，是否不忠心于他，造成了非常不和谐的气氛。有时我不同意他的看法，也不能接受他的解说，他会非常震怒。有一次他责备我，说我对学院比对他个人更忠心。这话我并不认为重要。因为在我看来，晏先生和学院，实在就是一体。

晏先生有时也有不近情理的举止，很难使人理解。1960 年的一天，纽约城及广大郊区所有的电源，忽然停息，达数小时之久。这是一件稀有的事。那时已近黄昏，晏先生和一位同事，正在讨论一件很重要的事情。因为他的办公室，有一个大窗，所以我们都跑到那窗前，去看外界的情况。晏先生却皱紧了眉头，满面不高兴。那时全城漆黑，人声沸腾，他却安坐椅上继续谈话，对外界一切视若无睹，使我有不可思议之感。我现在已记不得，是怎样找到蜡烛走下六层楼梯，又怎样挤在一队一队的人群中步行去火车站。（那时所有的交通工具，都已停滞。）我也不记得，最后晏先生是怎样回家的。但我还清楚记得去火车站的一路上总念念不忘晏先生安坐在黑暗中的那个镜头。

在乘坐公共汽车和地下铁道车时，晏先生经常带一叠卡片。这些卡片上，写满了词句，有些是从书报上抄下来的，也有些是他自己编写的。大致都是他认为有意义的词句。他乘车时，反复阅读，将这些词句熟记在心，以便日后运用。

晏先生喜欢走路、游泳、弹琴和唱歌。有时也会花一个夜晚，听一场意大利古典歌剧。据我所知，他在年轻时，非常喜欢活动和社交。若不是要为学院的同仁作榜样，他的生活恐怕要轻松得多。在晚年时，他严谨的生活，也渐缓和。有一次在菲律宾学院的联欢会上，他居然约我和他一同跳舞。但是因为我们俩人都不通此道，表现并不太好。在他 90 岁以后，我们常劝他在晚饭后，稍微饮一点酒，他也并不坚持拒绝。

他对 IIRR 的各项工作，都有深切的了解，并亲自参加。有时在美国停留了一段时间，再回菲律宾时，他立刻开始和学院同仁个别谈话。他的谈话对象包括了各级的技术和管理人员，也包括秘书、职员及清洁工人。他和他们亲切交谈，并答应将敏感的消息保守秘密。这样，他很快地就可以知道学院上下的一切情况。他常去乡村，也尽量和农民谈话。主要的为使学院同仁理解深入民间、实地工作的重要。他这种工作方式始终不懈，直到最后体力渐差，不能长途跋涉，才告终止。

晏先生一生以全部精力集中于乡村工作。他喜欢读书，但只读与工作有关的书。凡是他认为有意义、有价值、有启发性的书，他就要反复阅读，并在书的空白处作旁批，写出自己的意见和心得。他有时休假也为的是休养身心，以便能养精蓄锐，去克服前面的困难。我在假期，常去世界各地旅游。有一次晏先生向我说，他也很希望能有时间去各地旅游。我知道他这话只为使我高兴。因为凡与工作没有直接关系的事，他是没有时间去做的。

晏阳初先生工作的精神，对他的同仁，有极大的影响。每次他到了菲律宾学院，所有的人都会精神振作，气氛显得特别紧凑。他白天去农村，晚上召开会议，还要和各级人员分别谈话。大家日夜工作，都感到高度兴奋。有一位学院的高级人员，曾向我说："每次晏先生来到菲律宾，我们就精神大振紧张工作，一直到他离开学院才松一口气。"我们经常在纽约办事的人，也觉得晏先生有一种精神，使大家工作起来兴奋、勤快而高兴。

我今年春天，陪同 IIRR 新任院长瑞格比先生，到中国晏先生过去工作的各地去寻根，并去了解他事业发芽生根的土壤。我们去了定县、北京、成都、长沙，参观了他过去工作的地区，并和他往年的同事及学生会谈。晏先生从事乡村工作 70 多年，时常和我们提到往日在中国工作的种种情况。我们有时也就"听而不闻"。这次去中国，他过去常提到的事迹，忽然又在我记忆里出现，而且给了我以新的意义和认识。

晏先生一生为乡村建设努力，他要应付政府、联络各界、筹划经费、罗致人才，常常面对着重重困难。他经历了军阀混战，日本的侵略，定县的撤退及以后的内战。他的乡村建设工作在中国停止了，却散布到世界各地。当我在菲律宾、印度及危地马拉偏僻农村里，看见他们悬挂着晏先生的照片，不禁想道：“晏阳初既不是一个世界闻名的政治家，也不是欧美的电影明星，怎么会得到这些天涯海角农民的信仰和崇敬？他真是在这么多的地方，发生了这样大的作用吗？”我唯一的答案是：这些都是我亲眼看到的事实。事实就是一个最好的回答。

晏先生自己常说，他没有特高的智慧，也没有超人的能力。我认为他有决心、有毅力、有对人的敏感、有对事的理解。他不重空泛的理论，而重运用实际的方法。他有能力去判断事情是否可以达成，去衡量人物是否可以合作。他还有一种创造力，能将过去得到的经验综合起来灵活使用。晏阳初先生早年立志为农民服务做乡村工作，目标既定终生不渝，因而被公认为是一个造福全球的乡村建设垦荒人。

1990 年正月，我从印度旅游回来，就打电话告诉晏先生：我在印度南部，参观了印度乡村改造运动的工作，并在库邦地区，看见他们为纪念甘地及晏阳初而建立的“甘晏教育中心”。那时晏先生病后复原，正在写一本小书，要将他毕生工作经验，留给未来的乡村工作青年。他很想能立刻看见我，以便知道乡建运动在印度的情况，就约定了两天后的星期一在他的公寓会面。到了那天，他的家人听到我在电话上的声音微哑，似有感冒，而且那天又飘了些雪花，建议改在星期三会面。不幸晏先生当夜因为呼吸困难，渐入昏迷状态。第二天早晨，他被家人送进医院，没有再醒过来。就在星期三即 1990 年 1 月 17 日的清晨 1 时 15 分去世。我在印度考察的结果，也永远没有机会向他报告了。

（选自《回忆晏阳初先生》）

一生为平民，言行一致

弘　农

我认识晏先生，完全是因为外子的关系。在抗战初期，外子以书生从政，在长沙参加县长考试，列名第一。恰好晏先生的平民教育促进会迁来长沙，推动乡村建设工作，对外子特别注重。后来平教会迁重庆，举办乡建学院，又邀外子前往任教授。当外子来美深造时，未能筹足2400元的保证金，由晏先生出具证明，方得成行，外子非常感激他。

1961年初春，晏先生约我们前往纽约相聚，那是我首次见到晏先生和雅丽夫人，他们非常平易近人，令我敬佩。寒暄一阵，即领我们去附近的全家福餐厅吃饭，他很风趣地对熟识的老板说："请烧你最好的菜，来招待我最好的朋友。"他太客气，太诚恳了。饭后，回到他们家，他告以菲律宾的平民教育和乡建运动工作情形，言谈之间，很想外子能再参加平教工作的行列。可是外子要集中心力为世界大同理想奋斗，婉言不能效劳，一再声称，如私人有事须照料，一定全力以赴。

1963年10月26日是晏先生的70华诞，仅极少亲友相聚庆祝，我们未得前往。不过，以往晏宅悬有白石老人所绘的白菜红椒图，颇能反映晏先生的情趣。但他的纽约寓所壁上，已无白石画，料失于时变也。嘱我仿白石老人法意，补作一幅，以为晏先生祝寿，并附七绝一首曰："白菜红椒味有余，一生淡泊志如初。何时教泽成霖雨，四海苍生共复苏。"他喜欢这幅字画，悬挂在进门小厅的壁上。

1968年，晏先生的75岁寿辰，他早约我们前往。这次前来祝寿的，除亲友外，远道来的就只有我们与从菲律宾来美进修的Dr. Juan M. Flavier伉俪，那时晏先生对Dr. Flavier已寄予很大的希望，悉心栽培。今天他真的做了接班人，未负晏先生的厚望。

越五年，当晏先生80大寿和他们伉俪结婚52周年纪念来临之前，他们不照以往的方式庆祝，突然坐飞机来我们家。他们平日除去两个女儿家外，很难去别人家的。他早已视我们为家人，要我们叫他"Uncle Jim"，他平日来信签名也是如此。他们光临，令我们感到荣幸，仓促之间，为他安排和圣马利学院校长相晤，与我们的邻居打网球，参观我在女青年会的画展，最后邀中国教授和外宾数十人来家，为他祝寿，还拍有电影留念。他利用我绘画的纸笔墨等，写了很多的条幅给我们，如"除天下文盲，做世界新民""平天下之不平，然后天下可以太平，解除苦力的苦，发扬苦力的力"等，他的字劲健有力，如今是珍贵的墨宝了。关于他们来访的详情，已在我写的《晏阳初南湾小憩》一文中报道过。

晏先生一生从事平教工作，人称他为平民教育运动之父。他从第一次世界大战，在巴黎为华工写信，教他们识字开始，以后回国在定县展开工作。抗战时期，在重庆办乡建学院培育人才，推行运动。1949年大陆解放后，辗转到菲律宾，创办国际乡村改造学院，将工作推行到亚非和南美三洲的十多个国家。因此他一生获得殊荣很多。1943年与爱因斯坦同时接受"世界三大革命伟人"的荣衔，1955年和1970年分别由Look和Ebgunine

杂志列为世界一百名人之一，1960 年获菲总统麦克塞塞奖，1983 年获艾森豪威尔总统奖，1987 年获里根总统奖。关于他的生平事迹，早年赛珍珠女士有意写晏先生的英文传记，后来因忙和病，无法执笔。外子在晏先生 75 寿诞时，先为他编撰英文传记，以作 80 大寿的礼物。外子因忙着写《One Wolid》一书，只收集了一些材料。等他 80 大寿来我们家时，尚未执笔。之后，着手进行，于 1976 年出版了 *Dr. James Yen，His Movement for Mass Education and Rural Reconstruction* 一书。接着，外子推荐历史学家吴相湘教授为他写中文传记，1978 年我们和吴教授去纽约，一同与晏先生相晤。以后吴教授于 1981 年出版《晏阳初传》。旅美多年，外子虽未直接为晏先生的事业效劳，但每次我们去纽约，总会走访。听说外子编撰的晏先生英文传记，成了世界各地来菲受训学员的参考读物了。

1983 年，欣逢晏先生九秩荣庆，也是他从事平民教育和乡村建设运动 60 周年纪念，为了扩大庆祝，由大通银行董事长 David Rockefeller 出面，邀请 200 余宾客，借联合国大厦举行盛大的寿筵，我们敬陪末座。晏先生精神健旺，获得艾森豪威尔总统奖，作了一个多钟头的讲演。只可惜晏夫人于 1980 年逝世，不然九秩寿筵更美满了。关于九秩寿筵的详情，在我写的《晏阳初先生九秩寿筵》一文中，有较详的记述。

晏先生仆仆风尘，来往美国和菲律宾之间，每次开学，他必去菲律宾主持。回到美国，又为筹款事务劳神，幸身体健康。不过，年龄不饶人，有次飞往菲律宾途中，在夏威夷折回纽约，入院开刀，是摄护腺的毛病。后来胆结石，也开过刀。一般说来，他的血压、心脏和胆固醇等，均很正常。他数度将检查结果，出示我们，甚为得意，但仍不能隐藏他皮肤痒的毛病。他 1988 年返美后，便未再去菲律宾了。是年 6 月，我们去纽约开会，抽空去看他，显得清瘦多了。他的腿有毛病，行动不便，他不要人扶，一拐一拐地从睡房走到客厅，坐下来和我们聊天。我们上午 10 时半到达，闲聊几分钟，他便大谈其平教工作和乡建运动的理论，像对大众讲演一样。

谈了一个多钟头，是用英文讲的，偶尔也插入少许中文，我大致记下来，现摘要译出来。他从中国的所谓"民为邦本，本固邦宁"谈起，然后要实现天下一家，达到世界永久和平，可是要达到这个理想，须知全世界有三分之二的人，是在贫穷线上，只有三分之一的少数人是享自由民主、富强康乐的生活，这样的不平，总会有战争的，不会和平度日的。若暂时去救济他们，是不会根本解决问题的。要找出他们的问题，帮助他们解决，使他们能自己站起来，自立自助，才是正途。为了解决不发达国家，也就是所谓第三世界的问题，一定要打破狭隘的民族主义和国家主义。

其次，他谈到实现理想，须有研究的态度。深入民间，先做学生，认真研究，找到问题，寻求解决办法。将科技简明化、大众化，深入浅出，用来增进人类福祉，尤其在改善农民和贫苦大众的生活上，以民间作实验室，提高知识水准和生活水准。国际乡村改造学院调训不发达国家的出色人物，训练他们，指导他们，使他们能负起领导的责任，教育他们自己的人民，先求吃得饱，然后再逐渐改善生活。总之，一切以人民为主，所谓强国先强民，富国先富民。科技用于改善人类的生活，不用于制造武器，要消灭核子战争和太空战争，这样才能真正增进人类幸福和达成世界和平。

他的平教理论，我们已听了很多。他所谈的，放眼全世界，提出打破国界，反对科技用于战争，以达成世界和平，似乎他的理想领域扩大了，也许他对外子的致力世界大同的理想，有些了解。近年多次相聚，他对外子的努力，深为赞赏，以同是为人类生活，为世界和平奋斗，有殊途同归之感。听完他的谈话后，我们的感慨更加深了。虽然他的头脑仍清晰，仍雄心万丈，可是日渐衰退的身体，是“夕阳无限好，只是近黄昏”的写照。吃完午饭，和他握别，我们的心情非常的沉重，因为此次晤谈，是他预先安排的。他将自己的理想，向我们作最后的交代，我们唯有默祝他长寿永康！

年纪大了，见一回，算一回了。去年9月上旬到纽约，离他去世前，只有4个月的时光，我们到达后，立即去看他，觉得他更憔悴了，眼睛又有毛病，而且走路困难，须人扶持。但他告诉我们，现在正检讨过去和现在的工作，也将着手未来的计划。他自己好像有信心，将扩大庆祝百龄大寿。聊得开心的时候，菲律宾女仆叫吃饭。她是晏夫人去世后，就一直照料晏先生的饮食和起居的忠实侍候者，特制饮食给他。我们吃的，是从附近全家福餐馆叫送来的。平时吃完后，他去睡午觉，我们也就告辞。今日餐毕，他突然叫女仆将他的记事本拿来。原来他在上面写了很多的中国成语。他5岁发蒙，13岁以后就未念中国书了。近来记忆所及，随时写下来，觉得有些语句，特别有意义，如“富贵不能淫，贫贱不能移，威武不能屈”“万恶淫为首，百行孝当先”“静坐常思己过，闲谈莫论人非”“吾不如老农，吾不如老圃，三人行，必有我师焉”“近水楼台先得月，向阳花木早逢春”“邦有道则仕，邦无道则隐”，道出中国士大夫阶级处世之道。“官之视民如苦力，则民视官为寇仇”“天长地久有时尽，为民奋斗无绝期”“解除苦力的苦，发扬苦力的力”，这些，表达了他一生为平民的心得与心愿。最后他指出“民可使由之，不可使知之”，一再强调这是愚民政策。他不断地翻阅记事本，一方面念给我们听，另一方面发现有些字错了，要我们替他改正，兴奋极了。一再说如果我们住在附近，经常来聊天，能替他改正错误就好了。因为聊得太久，虽然他言犹未尽，我们劝他休息，下次再谈，随即告辞。

圣诞节前，从颜彬生女士的电话里，获悉晏先生11月里有轻微中风，现已出院在家休养，只是腿不能行。他的女儿群英在圣诞卡里写着，她父意志坚强，想不久可以走路，还作4年后百龄大寿庆祝打算等语。我们想念他，圣诞都打电话去，女仆告以他在洗手间，等一下打回来，还告以晏先生健康大有进步，已能扶着走路了，他相信很快可以出外散步了，他要保持秘密，女仆要我不要对人说。新年过去了，仍未见他打电话来。我因事忙，也未再拨电话。想等农历新年拨电话去拜年，谁知这年10天前，他与世长辞了，没想到4月前餐叙后的握别，竟成永诀。

30年来，我受晏先生的启示很多，他对我的影响很大。他是伟大的和高超的，值得崇敬和效法的。下面几点是我最崇敬他的地方。

（一）一贯的精神——晏先生一生为平民，言行一致。他真真实实地在干，数十年如一日。不像有些人说着为黑人争民权，自己却高高在上，不愿与黑人为伍，遇到黑人，甚至如见鬼神而远之。晏夫人是城市里出生的千金小姐，也随着下乡，为苦力服务，两人并肩作战，始终不渝。

（二）爱好中国文化——晏先生极早接受西洋教育，他因为专心事业，很少私人应酬，别人以为他是崇洋的，其实不然。他最服膺中国文化，信仰“民为贵、君为轻”“民为邦本，本固邦宁”的道理，他的平教运动，就以此为出发点。他以为中国数千年前，已有民主思想了。从他80岁时给我们写的条幅和4月前给我们看的中国词句，体会到他喜爱中国文化，并且在宣扬中国文化。

（三）简朴的生活——晏先生从事平教工作，受熊希龄夫人的影响很大。他敬佩熊夫人，多次把我比作熊夫人。我感到惭愧。在他纪念熊夫人的讲演里，他以熊夫人食不求饱，居不求安，宣扬平民福音。晏先生伉俪实践了熊夫人的精神，始终过着简朴的生活，和平民打成一片。他们在纽约住的寓所，是古老的建筑，室内陈设简单，连冷气都没有。他 80 大寿来我们家，看到我们自建的红砖住宅，一切新颖，赞赏不已。其实也是比上不足，比下有余而已。现在有朋友搬到更远、更大的住宅了，批评我们保守，劝我们搬迁。我想到晏先生的简朴生活，就心安理得，不为所动。他 80 大寿时，我们送他们伉俪每人一件丝质玫瑰色的睡棉袍，穿了很多年，不知多少次在信里和电话里来感谢我们。但他的生日派对，拍了电影，我们复制一份给他们，始终未提及。4 月前，我们最后一次见到他，我问看了这电影没有？他说未曾见过。大约是没有放映机之故，可见他们的生活是如何的简朴了。

（四）劳动的习惯——晏先生下乡，与平民在一起，自然养成了劳动的习惯。他最喜欢走路，在纽约去办公室，离他们家四五里。来回大都是步行。他多次请我们去餐厅吃饭，至少走十多条街，以前不喜欢走路的我可苦了。因为尊敬他，受他的影响，我以后也喜欢走路，喜欢在自己的院子里劳动，对健康大有帮助，真是受益无穷。数年前，因天气不好，晏先生去搭地下车，在车站里，从石级上跌到坚硬的水泥地上，警察见他年老，以为一定跌坏了，连问要不要送他去医院，他声称不要，自己站起来，走到车站外面，叫计程车回家。次日去医院检查，一切无恙。他在电话里告诉我们，还笑说是上帝不召他去。我们以为这或许与他平日劳动有关系。

（选自《悼念与崇敬——为晏阳初先生逝世作》）

最后一次见面

邵恒秋

我最早同晏老接触，是我于1934年进入在定县的中华平民教育促进会（简称“平教会”）开始的。晏老是平教会的创始人和领导者。我当时是在该会艺术教育部民间艺术研究班做研究生，就在该部工作。就我的职位说，我同晏老隔着层次，就年岁说，他是我的前辈。我在历次与他接触中，就从未有过因他是长者和领导而可能产生的情感距离。原因是晏老总以朋友看待我，自然使人有“忘年”之感。他诚恳待人，亲切感人，加以潇洒的风度，真挚的笑容，使人难忘。

更使我难忘的，是晏老志在平民，为平民教育事业献身的精神。晏老于1918年从美国耶鲁大学毕业的第二天，即与当时留学海外的百名中国学生束装赴法国战场，参加为华工服务的工作。华工如饥似渴的求知欲和互助精神，使晏老深受感动，并从中发现农民具有的潜力。他下定决心回国后不做官、不发财，立下一心为最贫穷的文盲同胞服务的志向。当在定县实验的准备时期，晏老先在定县翟城村国民小学任教一年，并向平民学习。1929年7月，晏老全家迁居定县，住在城内东街临街路南高台上一所普通的民房里，过着俭朴的寻常生活。我曾因事去过晏老家里一次，晏老同夫人许雅丽热情接待。两间打通的会客室，除木制带扶手的座椅之外，别无陈设。晏老的夫人是美国人，身着中国灰布旗袍，无异城内一般家庭的普通主妇。晏老如非出于高度的爱国热忱，坚决与平民打成一片，生活于平民中，志在平民的志愿，是不可能做得到的。正是晏老的这种精神和所从事的事业，才能得到知识界爱国人士对此事业的投身支持。当时在会里工作的近 300 人，其中著名人物，如孙伏园、熊佛西、郑装裳、李景汉等许多教授专家，离开生活舒适的大城市，全家移住定县，参加定县试验工作，一时形成了世人瞩目的“博士下乡”同农民为伍的新局面。在当年一个普通县城，集中如此多的著名人士和近百名高级知识分子，实践“回到农村”“回到民间”，为平民服务，是中国历史上前所未有，从现在看，那时的情况也是值得大大称赞的。

我常想，众多知识分子放弃在大城市的优厚待遇和舒适的生活条件，来到定县，能够愉快地工作和生活，除了实现个人的一个理想之外，晏老的为平民教育毕生尽瘁的精神和他的可贵品德，以及晏老看重“共事业，励精神”的同事，诚挚相待，也是分不开的。

重要的是，晏老全家生活俭朴，但又能周到地关心同仁的工作和生活。会里办有员工子弟学校、幼儿园。设有体育场，规模虽不大。有当时颇具现代化的医院（另设门诊部为群众看病）。晏老还注意员工的文娱生活。会中常有话剧和群众性的音乐演出，春秋有集体郊游，会中伙食办得非常好。晏老从多方面关心员工生活，使大家如同生活在和谐的大家庭中。这也是使大家同心为共同事业努力的一个重要原因。

我最后一次见到晏老，是 1985 年 9 月，即晏老第一次从美国回祖国在北京停留的时间。这次见面，晏老虽已 90 岁高龄，精神丰采犹似当年。谈话中，他对祖国的发展变化表示特别的高兴。在当日晚间，全国政协由茅以升、费孝通、严济慈诸老出面，在北京饭店宴请晏老。他心情愉快，看到装筷子的塑模袋印有北京饭店字样和中国特有的花纹，他因喜爱要带回去留作纪念。主人看到，特备几双袋装筷子送给晏老，他很是高兴。在他的言谈中都充分显示出他对祖国的眷爱和对祖国繁荣发展无限兴奋的心情。

这次同晏老会面，竟是最后的一次！追思往昔历次接触的情形和感受，令人不胜忆念！

（选自《追忆晏阳初前辈》）

孜孜不倦为平民

吴福生

我有幸多次见到晏阳初博士，每一次接触都使我对他有进一步的了解并在思想上受到很大启迪和教育。1985 年和 1987 年晏老先后两次应邀回国访问，我有机会陪同晏老一行，其中包括菲律宾国际乡村建设学院弗拉维尔院长和该院董事颜彬生女士。晏阳初博士一行受到邓颖超、万里的亲切接见。周谷城两次在人民大会堂宴请他们。当时的情景，历历在目，令人难忘。

晏老高度赞扬邓小平提出的对外开放政策，认为这是非常英明之举。他说："创业难，守业也不易，但要发扬它就更难。要改变中国落后的面貌，把它建设成世界各国的楷模，非得走开放这条路不可。"表达了他老人家真挚的爱国之情和对祖国的无限希望，尤其给我印象极深的是，无论是在会见时，还是在宴会上，他都要追溯他从 1918 年起献身平民教育事业的艰苦历程，兴致勃勃地介绍他关于"深入民间，到群众中去"等十大信条，讲述他关于通过四大教育，培养具有"四力"新民的主张。

我还清楚地记得他当着万里副总理的面满怀激情地，用他那浓重的四川乡音，高声朗诵他亲自创作的平民教育歌的歌词。我还记得在谈到“民为邦本，本固邦宁”时，他同周谷老谈及孔子学说对他的平民教育思想的影响。特别值得一提的是大家对晏老积极提倡并且身先士卒的“博士下乡”精神和关于重视开发“脑矿”，充分发掘劳动人民潜在力的思想给予了高度的评价。这两次见面，反复聆听晏老的教诲，对他的平民教育与乡村改造的理论才有了初步的认识。

1988 年 4 月，我应邀赴菲律宾参加国际乡村改造研讨会，有机会再次见到晏阳初博士。晏老不顾年高体弱，专程从美国前来参加会议。晏老见到我们时心情非常激动。他紧紧地握着我们的手说：“你们是我的同胞，我也是你们的同胞，今天能在菲律宾欢迎来自祖国的亲人并共同讨论乡村改造的问题，真是莫大的荣幸。”会议期间，晏阳初博士一连作了五次学术报告。他思维敏捷，讲话从不用稿子，声音铿锵有力，因为讲的都是切身感受，听起来生动感人。

晏老从 1918 年起就致力于平民教育事业；用他自己的话说，“穷干，苦干，硬干了七十年”，“从在中国干到在世界上干”。我深深地被他那种七十年如一日，孜孜不倦为平民教育事业和乡村改造事业献身的精神所感动了，并开始对晏阳初的教育思想和实践有了比较全面系统的了解。

在菲律宾期间，我还有机会对国际乡村建设学院进行了考察。国际乡村建设学院是在晏阳初博士的倡导、组织和努力下，于 1966 年在菲律宾建立的。它继承和发扬了晏阳初博士的教育思想并使它在菲律宾和世界许多发展中国家生根、开花、结果，在推动各国的乡村改造方面进行了卓有成效的工作，发挥了很好的作用。我于 1989 年再次赴菲访问国际乡村建设学院并多次深入农村实地考察。我发现晏阳初在农民中享有很高的威望。国际乡村建设学院坚持发动平民、组织平民，依靠平民自己教育自己、自己管理自己的指导思想，从生计、文化、卫生、自治四个相互联系的方面为农民提供多种形式、多种层次的培训，受到农民的普遍欢迎。国际乡村建设学院的经验和成就是晏阳初平民教育思想的实际体现。它从一个侧面反映了晏阳初在50年代至80年代在国际上的活动。这无疑对我们全面了解晏阳初的整个生涯并作出全面的评价是有着重要的意义的。

（选自《我看晏阳初》）

永远保持常新的境界

吴　畏

我在中学读书时就已知晓晏阳初先生的大名，对他多年热心平民教育，在河北定县从事乡村改造实验的壮举十分钦佩。当然，那时对晏老思想和事业的了解还是很肤浅的，对他老人家敬仰的根基还是不大牢的。对晏老由衷的深厚的崇敬之情，还是在十一届三中全会之后。经过拨乱反正，大是大非的界限重新划得清清楚楚，加上自己有机会对晏老的著作较为系统和认真的释读，才对他的思想和事业有了进一步的认识。他老人家那种深挚的爱国热忱和宗教家的执着精神，无私奉献、百折不挠的高尚情操与坚贞态度，确实是世间罕见的，深值感佩。

我同晏老会面是在1985年9月。那年的8月，全国人大常委会副委员长周谷城副委员长向晏老发了邀请回国访问函，这样，晏老应邀回到他阔别三十多年深切怀念的祖国。当周谷老和张承先同志等负责人在人民大会堂同晏老亲切会见时，我也在场。那天，晏老非常愉快，他虽然已是90岁高龄，但精神很好，和蔼可亲。与周谷老交谈中，晏老对祖国变化之大的惊叹而喜悦之情溢于言表。他表示还要到河北定县和四川看看。这种忠于事业，怀念自己原先实验基地的心态，非常令人感动。

晏老还到过中央教育科学研究所一次，当时我以所长的身份十分荣幸地接待了他老人家及其一行。那次会见主要是谈了农村教育的问题。我们了解了晏老对农村教育的一些看法，较多的是关于国外乡村教育运动的情况，我们表达了愿同国际乡村改造学院建立友好联系和探讨农村教育改革问题的愿望，晏老对国内十一届三中全会以来农村教育的改革和发展取得的成就和经验也很重视。应当说，这次会见绝不是一般的应酬活动，而是一次难能可贵的学术交流性会见。

这以后，中央教育科研所同晏老和国际乡村改造学院的学术联系交往进一步密切了。特别是教育史研究室宋恩荣等同志，由于从事中国近现代教育家系列研究的需要，在这方面的联系活动更经常些。我们的意图和目的就是要对晏老的教育思想给予一个全面、公正的评价，要使他在现代教育史中占有一个当之无愧的应有地位。宋恩荣与教育史研究室的其他有关同志，历尽辛劳，几年中先后编辑出版了《晏阳初文集》《晏阳初全集》等。他们还积极争取国家教委领导的支持，取得晏老早年国内好友与同道的协助，并通过颜彬生女士从美国的有关机构及晏老的亲属等处搜集一些珍贵资料，筹备召开“晏阳初平民教育与乡村改造思想国际学术讨论会”。所有这一切，都是为着使晏老的教育思想和事业得到更广泛地传播，使这项宝贵的精神财富在新时期闪耀出新的光辉。

经过多方努力，这一国际学术讨论会于 1990 年 5 月下旬在石家庄市召开。在这个盛会上，50 多位来自海内外的教授、专家济济一堂，有些人还是与晏老过去一道进行平民教育实验工作的。与会者既为这一研讨会的胜利召开而表示欣悦，又为晏老在当年年初逝世未能亲自到会而深感遗憾。全体与会者就是在这样的心情中对晏老的理论思想和实践进行探讨和研究的。在这次会上，我本人发了一个言，题为《让晏阳初教育思想在新时期结出新的果实》。姑不论其内容是否全面、确当，但这一意愿恐怕还是众多教育同行的共同希望吧！

晏老值得我们永远怀念和学习之处，首先在于他的坚定不移地为平民教育、乡村建设终生奋斗的精神。从定县到国内更大的地区，进而推向世界；由为国人服务进而为全人类服务，这真是了不起的宏伟目标。其次就在于晏老的思想能适应形势和时代潮流不断前进。他在1987年归国时面对我国建设包括农村教育改革的伟大成就，曾经慨叹地表示，自己过去“不从社会制度方面着力，光搞教育是不够的”。这就充分表明他晚年的思想较过去又有了很大的进步。一个九旬以上的老学者能在思想上永远保持常新的境界，确是难能可贵的。

（选自《值得永远怀念和学习的晏阳初先生》）

可敬又可爱的先生

肖新煌

非常高兴，最近竟有机会拜访闻名全球的乡村改造者晏阳初先生。这个机会，说起来是相当难得的，因为平常他大部分的时间都是住在菲律宾。这次是由于今年的10月26日是他90岁的生日，联合国基于过去60年来他对世界乡村建设所作的贡献，特别安排了一个盛大的酒会来为他庆祝。我也就趁着这个机会，特别约好在9月30日的下午两点，从波士顿大学赶去看他。我们坐在由他所督导的国际乡村改造学院的纽约办公室里，足足谈了两三个钟头。他给我的印象是一位精神非常好的老人家，年纪虽大，却有着过人的记忆和分析力，思路清楚，层次分明，语音略带四川腔，抑扬有力，令人难忘。

我们的话题从一个比较整合性的农村发展途径谈起。他说，农村发展不仅仅只是注重科技、经济，更要了解农民的心理和需要，必须以整个农村生活为对象，通盘筹划，将文化、生计、卫生和公民四大教育有机地扣合起来，连环进行，才能获致整体发展的功效。因为社会与生活都是整个的、集体的、连锁的、有机的，决不能头痛医头，脚痛医脚，支离破碎的解决问题。

晏先生的所谓“四大教育”，事实上就是当年他和同仁在河北定县进行乡村改造实验所强调的四个途径。这四个途径，明白显示了相辅相成的功用，所以如想农村发展有成，这一基本原理非常重要。

定县实验进行期间，正当外患内战最激烈的时候，晏先生和若干一流人才，却不问政治，埋首工作，因而 6 年有成，为中国及全球平民进行乡村改造教育，创造了一个典范，影响深远。近 40 年来，海外若干机构如联合国文教组织、美国第四点计划、和平工作队，以及一些教会团体都相当认识“四大教育”连环并行的重要性。

1952 年以来，晏先生在美国友人支持赞助下协助菲律宾进行乡村改造，并于 1967 年在菲律宾建立国际乡村改造学院，训练各发展中国家的乡村改造人才，也可说是这一方式的继续扩大发扬。是以定县实验不仅对中国大有裨益，对世界其他各国的乡村改造也有积极帮助。晏先生也因此一直持续性的奋斗，早在 1943 年为美洲各高等学术机构，选为全球十位具有革命性贡献的伟人之一。

是什么因素促使他走上闻名的定县实验的路呢？晏先生的思绪，一下被我的问题拉回到第一次世界大战时他在法国的一段经历。那时，有十余万的华工在法国战场做工，甫自大学毕业的他和一百余名留学英、美、法的中国学生，应募参加在法境为这些华工们服务。他们的主要工作就是为这些华工们写信、读家书。但他很快就感觉到：如此长久只为他们写读家书，未免太消极了，何不鼓励他们工余学习识字、写字？因此一念，故而创办了识字班。当时，晏阳初先生教给华工的是实用的白话文，而不是文言文，比起 1919 年国内提倡的“白话文运动”还要早一年。这是他认为很高兴也很骄傲的一件往事。

晏先生与华工们是共同起居的，目睹他们每日辛劳，做工十余小时后，还要在识字班上课，并且能立即将所学教授给其他不识字的人，说来这真是一项奇迹。尤其《华工周报》发行后，华工们常因读到报上内容而有爱国行动，如将积蓄捐给政府；若干地方的华工队，且先后设立爱国自治会或救国储金团，按时捐款；也有捐款救济水旱灾民的，同时，捐款给基督教青年会及《华工周报》的华工也很多。有一次，晏先生接到这样一封信："晏先生大人：自从你开办《华工周报》以来，天下事我都知道了，只是你的收费太便宜……所以在这信封里头，我送上 250 法郎。这些法郎是我三年以来做工所积下来的，便于帮助你的周刊。"晏先生读罢，更是深受感动。他因此憬悟：法国人轻侮华工呼为"苦力"，他们生活确实痛"苦"；然而他们却具有无限潜"力"，只可惜缺乏读书求知的机会而已。从此，如何解除国内绝大多数的农民"苦力"的"苦"，发扬他们潜在的"力"量，就成为他终生献身努力寻求的工作目标。

中华民族以农立国，农民占全国人口总数百分之八十以上，可是这些广大的农民向来负担最重，生活最苦，几千年来却得不到君主的照顾爱惜，一般自命为读书人的士大夫阶级，亦从不关心他们的死活。只知"读死书，死读书"，扛着一块虚伪的儒家招牌，空谈"民胞物与"。过去提倡新文化运动及研究社会科学的学者，虽曾在报章杂志上再三强调"改进平民生活""免除平民压迫""保障农民利益"，亦不过说说而已。可以说，这群广大农民的伟大力量，从来没有人发现过，也不曾被人关怀过。晏先生说，这真是不可思议的事，也是中国知识分子三千年来的耻辱。

晏先生认为要做一个改造乡村的工作者，必须具备四个 C。即能力（Competence），至少有一专长才能；创造力（Creativity），农民所遭遇的许多问题，可能都是书本上查不到的，这都是新的挑战，倘若你没有创造力，即无法解决农村问题就要归于失败；奉献（Commitment），改造农村工作是长期性的事业，必须长久居住于粗野的乡间与农民共同生活。如果没有坚强的奉献决心，可能开始有热心，却不能支持长久，甚或知难而退；品行（Character），从事乡村改造工作，必须注意品行，以身作则才能获得农民的信任。他还认为，从事任何一项乡村改造计划，都得根据实地调查，发掘问题，审慎研究，拟订方案，先在一处实验成效如何；随时注意检讨其利弊得失，然后采取比较有效的方法再在另一村实验。检讨得失后，另在县境内各种条件不同的另二乡村实验，看功效如何，在这样反复审慎实验研究改进下，再推广较多乡村。这些也是值得所有从事农村建设，乃至社会、政治、文化建设的人员深深加以注意的。

1947 年，晏先生为促成中国农业复兴联合委员会（简称“农复会”），在美国各处奔走。纽约、华盛顿、波士顿、芝加哥四大都市著名报纸，都一再发表社论加以支持赞助。经过十个月的奔走努力，终获成功。美国国会通过 1948 年援华法案中特列“晏阳初条款”，指定以经援经费的十分之一作为农复会用途。他是中美双方的五位委员之一。这是美国立法史上唯一能以一个外国人的名义提出一个法案，并在国会获得支持而且通过的。他认为这是件历史上的大事。这些事实，说明晏先生 20 余年致力于农村建设的表现与成效，已完全获得美国朝野人士的信任与赞赏。

心系第三世界是晏先生这 30 余年来的心情。目前发展中地区包括全球三分之二的人口，仍饱受列强的压榨剥削，因饥饿疾病致死者难以数计。在这种情形之下，世界哪来自由、和平与繁荣？所以他一再强调，第三世界的农民问题，倘不合理解决，将会变成人类祸害的一颗定时炸弹。至于如何解决，他呼吁一定要让科技人员认识他们所服务的对象，主要是广大的民众。如果科技人员只懂得科学与技术，而不了解科学为何，技术为何，那是没有用的。所以晏先生前往美国各大学演讲，曾指出20世纪及今后世界的最大挑战是如何应用现代科技推广到广大落后的地区，也就是如何将科学简单化、人文化、人性化，以消除科技与第三世界农民之间的鸿沟。晏先生并说，美国只要将应用于军事费用的千分之一转用于这方面，缩小贫富差距，即可消弭战争危机于无形。国际乡村改造学院之设立，迄今已历有年所，工作推行也有19年。亚洲除菲律宾继续扩大以外，印度民间亦有人以定县方案在一二地试验。泰国、哥伦比亚、危地马拉、加纳也先后成立乡村改造促进会。晏先生时常前往各当地协助解决问题。国际乡村改造学院的经费，最早都是来自美国热心人士每年的捐助，后来美国政府在援外款项下每年拨付三四十万美元。近年德国、荷兰两基金会派员参观这一学院后，亦自动捐款资助其研究发展。

60余年来，晏阳初足迹遍及五大洲，结识各行各界领袖人士以万计，这些人士对晏先生都敬佩不已。晏先生的赞助支持者逐渐由个人扩大到团体。许多人称他为世界公民，他却自认为几乎成为一个没有国家的人。离开大陆的时候，他的心情是沉痛的，但当他发现第三世界是他真正可以投身发挥理想的地方时，他说了这样一句话："上帝将整个第三世界给了我们去奋斗。"这未尝不是一个非常深远的想法。事实上，从中国扩大到第三世界，这种眼光与视野，晏先生早在1950年即已建立起来，实在是可佩。

晏先生60年的奋斗过程中，也曾遭到不少打击，例如定县工作期间即曾受到不少误解，但不论遭遇任何打击，他永不气馁，永不后退。

在酸甜苦辣的回味当中，他特别怀念三年前去世的晏夫人。他说夫人许雅丽女士是他工作上不可或缺的伙伴。她除了操持家务，养儿育女外，并全力为他分劳分忧，提供各种意见。他俩一起奋斗了59年。他非常喜欢强调"奋斗"这两个字。

结束访问时，我又谈到他自己的宗教是什么？他笑着说：“在 1943 年时的一期《读者文摘》上有一篇文章介绍我，说我具有三 C，信仰孔子（Cohucius）、耶稣基督（Christ）、苦力（Coolie）。”晏先生认为这是一个很适合的说法，因为第一，他是中国人，尊崇真正的儒家思想。第二，他个人的信仰是基督教，这也是他参与第一次世界大战的原因，想服务社会大众。第三，是因为前面两个 C，促使他跑到法国去跟苦力接触，因而发现苦力的“脑矿”。这是一个很有趣的描述，多年以来他一直牢记在心里。由于前面晏先生对中国士大夫和知识分子有很严厉的批判，这里又强调尊崇真正的儒家思想，可见他重视的是儒家思想的行动化，看不起的是只会背背“四书”、光说不做的“小人儒”。从这里我们可以说他是一个非常了不起的儒家思想的传递者与实践者。

从晏先生清楚生动的谈话里，我们可以感觉出来，他到现在仍是满腔热血的。他说到激动时会拍桌子，说到愉快时，他会哈哈大笑。这一点让我们觉得他既可敬又可爱。亲聆之余，个人的内心也充满了激动和感谢。原担心他已 90 岁，怕他精神不济，只准备耽搁一个小时，没想到出来时已超过了三个小时。

（选自《访晏阳初先生谈苦力、农民、乡村改造和知识分子》）

“活到老，学到老，干到老”

郁晓民

晏阳初博士是蜚声海内外的平民教育家，也是世界平民教育和乡村建设运动的奠基人。在1985年和1987年我有幸参加了接待晏博士一行人的工作。在陪同参观访问和晏老闲谈过程中，了解了一些他的想法和感受。我深深地感到晏老是个非常杰出的、令人敬仰的爱国者。他有顽强的不屈不挠的毅力，有惊人的生命力和为平民教育事业崇高奉献的精神。

当我开始接触晏老时，心中有点犯怵，90多岁高龄的老者一定有点个性，有点脾气，又是久居国外，生活习惯也会不同于一般人。但是，在接触过程中逐渐打消了我的这些疑虑。首先晏老在与我唠家常中知道我是人大教科文卫的干部，在了解了我的出身、家庭背景及经历之后，兴奋地说：“好啊！咱们都是读书人，有共同的语言。”我经常征求他对参观访问日程安排的意见，他总是说：“晓民，我相信你，我知道你是个很认真负责的人，会很好考虑我们的要求和希望的。”晏老还很关心、体贴人，常担心我们是否用过餐，休息得如何。我们逐渐和晏老熟悉了，感到晏老平易近人，非常谦虚。比如，他谈起这次回国的缘由时，他兴奋地说：“当我接到周谷城副委员长的邀请信时，我再也捺不住要回国的急切心情，我很想回来看看，学习学习。我特别关心的是我在有生之年还能不能做点对祖国对人民有益的事。”当1987年晏老第二次回国访问时，仍然口口声声地说：“经过一年多时间，我们回去后做了自省自察工作，这次来是要进一步学习，还想在某些方面多多少少做点贡献。”二次回国访问，晏老和同事们不仅认真看，认真听，每次参观回来，还要仔仔细细地研究和讨论，有时一谈就好几个小时。我们担心晏老的休息不够，他却笑着说：“难得回来，要好好学习啊！”

1985年晏老一行回定县参观，日程排得满满的。晏老不顾年高体弱，天天和大家一起去当年平教会的会址、故居等处参观并和当地干部和旧时平教会的故友、房东座谈聊天。当86岁的老房东将保存多年的平教会照片献给晏老时，他眼眶里噙着泪小声说：“谢谢你，还记得我！”不少年纪大的村民冒着绵绵细雨赶来看望晏老，并感谢他在20年代教会他们识字读书，晓得国家大事。他们说得好：“学了文化，不当睁眼瞎，一辈子受用不浅。”在回旅馆的路上，晏老深情地说：“我万万没想到乡亲们这样高看我，使我万分感激，终身不忘。”平时，晏老不止一次地说自己大半辈子浪迹天涯，但从来没敢忘记自己的祖国、家乡。是的，海外游子漂泊了几十年，最关心的是游子归来，父老乡亲还认得他不？

1985年9月21日下午，邓颖超大姐会见了晏老和他的两个女儿。当我们进入中南海西苑厅时，邓大姐迎出来，亲切地说：“老朋友来了，欢迎你！”原来他们早在40年代重庆参政会时就认识。晏老首先向邓大姐表示自己对周总理逝世的痛惜心情，晏老说：“总理是人民的好总理，海内外人士都认为总理是伟大的政治家。我常记得总理的一句话：‘活到老，学到老。’我还得加一句干到老。”邓大姐向晏老介绍了国内各方面的变化和取得的成就，但也谈到仍然存在不少的困难和问题。欢迎晏老常来常往，多走走多看看，并提出自己的意见。晏老说这次回来看到农村建设工作做得实在是好，变化出人意料。特别是改革开放政策，是 20 世纪的中国最大的奇迹，中国领导人如果没有足够的勇气和眼光，是不能执行这一了不起的政策的。邓大姐对晏老解放前从事的教育工作，认为是做了一件好事。农民有了文化才能搞好生产，当然由于种种原因，特别是在当时的历史背景下，社会制度没有变革的情况下，要解决中国农村的根本问题是不可能的。邓大姐还语重心长地说："您培养了不少人才，有的学生为中国的解放和建设事业作出了贡献，因此，一个人对人民做过好事，人民永远不会忘记他的。"晏老对邓大姐的这句话非常感动。事后，他说，回国后感到他的乡亲，他过去的故友、同仁和他的学生依然那么惦念着他，正好验证了邓大姐的那句话"一个人做了好事，人民是不会忘记他的"。这句话激励他在今后还要更加努力，更加勤奋。

在和我们闲谈时他说："我干了一辈子农村建设工作，只要被人承认，那就是最大的幸福和安慰。"他还说："我这辈子进行的工作已经快 70 年了，我没有任何政治背景，更没有仰仗任何显赫人士，什么军事力量，只是凭着自己的信念，艰苦奋斗一生。想想成立国际乡村建设学院，没有资金，还不是到处求援，沿门托钵，入不敷出，还是坚持干下去了。虽然穷，但穷而有劲，穷有穷劲。"晏老说自己所以能干一辈子，是因为他相信民众。人民中间蕴藏着巨大的能量，智慧无穷。也就是他常说的"开发脑矿"，一旦民众被启发，被组织起来，任何人间奇迹都可以创造出来。

更令人感动的是晏老二次回国，自己做了对比和反省，他说："我当年搞的只不过是一种方法的研究，要真正改变广大农村的面貌，还得有现在这个制度。"因此，晏老在看到祖国巨大变化之后，常常说要朝闻道，就要传道，要闻道则干，而且要大干，而绝不是"朝闻道而夕死可矣！"我非常敬佩晏老这种献身精神，真是"人老心不老"，要"大干"意味着晏老还想多多地为祖国为人民奉献一片爱心，做一些有益的事情。

晏老回去之后，在菲律宾国际乡村建设学院两次召开了研究讨论会，邀请中国有关方面的学者、研究人员参加，也有不少第三世界国家的乡村建设工作者参加。大家济济一堂共同研讨乡村建设工作的种种问题。晏老亲自参加研讨会，并做了多次报告。我有幸两次都参加了研讨会，亲身体验到国际乡村建设学院为第三世界和广大农村培养了一大批乡村建设工作者。

据了解，国际乡村建设学院成立以来，已有48个国家的政府和私人机构的500名专业人员参加了训练班和研讨会。可以预见，这些专业人员在推动各国乡村建设运动方面会起到不可忽视的作用。他们运用生计、教育、卫生、公民四个相互联系、相互结合的教育进一步提高农民的觉悟，增强他们的信心，使他们认识到组织起来的重要性、学会自己管理自己，学会掌握先进农业技术来改善生活，提高政治地位。晏老离开我们已四年了。他那孜孜不倦为平民教育事业和世界乡村建设事业不懈地奋斗进取的精神，真正做到了鞠躬尽瘁，死而后已，实在值得我们学习。我相信，晏老的精神将永存。

（选自《陪同晏阳初先生在国内考察》）

独善其身，待人至诚

曾永臧

我在乡建学院数年的学习中，收获与体会都不小。但对我感触最深的，是晏院长的艰苦和俭朴的精神。它不仅于我一生影响甚大，而且留给后人一笔极其宝贵的精神财富。晏院长虽然离我们而远去了，但他这种伟大精神将永远植根于我们心中。

晏院长总是穿着普通布料的长衫和一般的西服，但更多的是着长衫，这样便于接触群众，与群众打成一片。只有在出席会议或出国时才着西服。不仅他本人，而且他一家在衣着上都是如此俭朴。晏师母许雅丽女士（美国哥伦比亚大学毕业），长年着普通布料的旗袍，很难着裙子或短装，与一般中国妇女没有两样。晏院长在南开中学读书的几个孩子，则经常穿着蓝布服装，有的衣服还打有补丁。他要求孩子从小就养成不奢侈、不浪费、爱惜财物的好习惯、好思想。抗战时，他住在重庆曹家巷，一个晚上，被偷去了一条好的下装，晏院长甚为惋惜地说："这是我仅有的一条见客的哟！"你看，这样知名的人，竟连多的一条好下装也没有。乡建学院有一位女同学，1987 年到美国参加国际科学会议，抽暇去纽约看望了老院长。她说：“老院长穿的西服，是旧的，普通面料的，与美国一般平民穿着无异。”他穿的、用的之简单，在巴中市晏阳初博士事迹展览馆里一玻璃柜所陈列的实物中可以看出来，参观过的中外人士，莫不为之感慨不已。

晏院长的饮食很简单，严格规定每天不多的一点菜金，不许多花。吃的面包，是以洋芋粉为发酵面和土面粉做成的，有人搞不清楚，说是洋面包。晏院长请客也同样简单，绝无铺张操办之事。并采取中菜饭西式吃法（每人一份），既卫生，又不浪费。乡建学院有一女同学的组织叫“励进会”。一次，老院长请了会员代表在他家开会和做客。吃饭时，端上来的仅是饺子，每人一盘，但管饱。乡建学院每年的校庆定在10月26日，除了热烈地开会庆祝外，学生伙食团则为每桌另增加两个菜。这是院长为了校庆批准另拿钱加的餐。

晏院长居住的地方也差。听说，在定县实验区，他一家住在旧的考棚侧边，谈不上什么好的设施。在歇马场大磨滩，晏院长住的是农民的竹子夹壁墙旧屋子，外刷上土黄色的泥浆（俗称抗战房子），内用篾笆作天棚。由于潮湿铺了一层木板，走进时都嘎吱嘎吱作响。在这屋子里，却接待了不少中外客人。（而今天北碚区人民政府为之修复的“晏宅”，倒还是砖木结构，四棱上线，崭新的一套建筑。）

晏院长在纽约住的屋子，在美国来说是低档的公寓。沙发、书架等家具都很陈旧，也没有自备的车子。乡建学院在没有修公路前，晏院长坐公共汽车或平教会的车子到歇马场，然后走五里路到校，没有看过他坐一次滑竿。他去重庆，多在北碚赶船。北碚街上到船上还有一段不短的距离，不少旅客坐滑竿，但晏院长则步行。到了重庆朝天门，不少旅客也坐滑竿上坡进城，晏院长仍然步行上去。

他在定县实验区和华西实验区，下乡检查平教工作时，大多步行，间或坐驴车和骑驴。

他对人和悦，待人至诚。在他家做过工的高妈说，与晏先生相处 20 多年，从未听到他说一句怨言和责备的话。替他做了一点事，他就连说谢谢，也爱和工人们聊天。晏院长对人是信任的，他和晏师母因公外出，则把几个孩子委托给附近家属代为照顾，非常放心，回来时道谢不已，毫无半点名人架子。他的薪水不高，但还要节省一部分出来，设立奖学金，奖励成绩优秀的学生。

晏院长总是替他人着想。一次，晏院长夫妇去华西实验区的璧山视察工作。璧山地方当局认为晏先生是国际知名人士，应热烈地欢迎和宴请一下。谁知道晏院长出席了欢迎会，但婉言谢绝了宴请。他赴璧山之前在家中就做好了面包，带足了干粮。他说，绝不能因自己例行的视察工作，去惊动地方当局，而使他们破费。听说，璧山地方当局开始还不理解晏院长的想法，还有几分多心，误认为晏院长是瞧不起他们，后来知道了他的作风、主张，更打从内心增加了对他的敬佩。

他理头发，不进理发店，请乡间理发师傅来家，坐在木凳上就理了。理完后，还帮理发师傅收捡东西，连说谢谢。解放后，住在北碚歇马场大磨滩剪头发的魏师傅，还经常念着晏院长，一听到他要回国来，高兴异常，望他快些回到大磨滩来。晏院长因公出外，不住大旅馆。他由北碚赶船去重庆，常住于北碚兼善旅馆的普通房间内，吃普通菜饭。即使是在美国也是如此。著名实业家卢作孚先生也说，你们晏院长在美国也是住小旅馆，自己洗衣服。既不抽烟、不饮酒，也不喝茶，只饮白开水。

由于晏院长艰苦、俭朴精神的影响和感染，不少专家、学者，心甘情愿地跟随他吃大苦、耐大劳，去推行平民教育工作。去定县实验区的博士就有 8 名。到华西实验区和乡建学院工作的博士、教授、专家也不少。而乡建学院全院也充满了这种精神，从上到下，工作上兢兢业业、严谨而又能吃苦耐劳。在生活上是俭朴的，很难看到西装革履，更无无聊闲散。这在当时国统区来说，实在是不容易的。农学系的男女同学，都要脱鞋、挽裤、挽袖下实验田；水利系的同学则要自背测量工具到梁滩河或其他农田水利工地进行水利测量实习；教育系的同学则到乡村小学和大磨滩平民夜校去教学，去组建致用中学（后改名为磨滩中学，解放后更名为重庆市 99 中学），担任实际的教育行政和教学实习；社会系的同学则到市街、农村（如到北碚的黄桷镇、璧山狮子乡等地）实地调查，对社会进行观察、解剖。所有这些工作，都必须要与平民打成一片，都必须要艰苦、俭朴的精神。

晏院长治校严谨，这严就严在一定要体现出艰苦、俭朴的精神来，甚至把这一点作为考生的资格和条件之一。晏院长常说：没有艰苦、俭朴的精神，要想平民教育工作出成绩，是不可能的。

晏院长办事的作风也是谨严的、有序的和讲求效率的。你有事要找他，一般是必须事先约定，说明需要的时间；他要找你，也事先通知，他不允许浪费任何人的时间和精力。

晏院长在一次给全院师生的讲话中，要求大家无论在眼下或以后什么社会里，都不要丢掉中华民族优良传统的艰苦、俭朴精神，否则，我们民族要想富强繁荣，是绝无指望的！

他还常说：平教会的经费是"沿门托钵"来的，其中包括不少孤儿寡妇的捐赠，如我们不踏踏实实为平民工作，随便浪费他们的捐款，是对不起他们的，也是一种犯罪！

晏院长倡导艰苦俭朴、吃苦耐劳的精神，而且终生躬行不渝，但他绝不是独善其身的苦行僧式的人物。他是受他正确人生观、远大目标、伟大胸怀和理想抱负导向的体现。晏院长突出的是爱国主义、国际主义、民本主义的精神和信念。他特别尊重劳苦大众，主张一生一心为劳苦大众服务。他早年就力主知识分子必须“从象牙之塔走向泥棚子”，“知识分子以农民的仆人自处”。所以，他主张必须从人生观、思想作风和生活方式来一个大的转化，彻底与平民打成一片。他艰苦、俭朴，其目的不仅是这一转化的具体体现，而且，是把有限的资金、时间和精力，最大限度地投向平民教育事业中去，以取得最大的效益和成果。

晏院长公私分明，一丝不苟，从上到下，从机关到家里，都受到他这种良好的影响。比如，平教会的财务就很清楚，没有化公为私、铺张浪费、大手大脚的现象，要求一分钱要当十分钱用，就说明了这个问题。一次，他的孩子在重庆医病（他的大孩子振东，患了一种瞌睡病，只要一静下，立刻就打瞌睡，躺在地上），当时平教会是有车子的，但晏师母却烤了面包做干粮，从歇马场经兴隆场、新店子、磁器口，步行数十里去看孩子，因为晏院长不允许用公家的车子办私人的事。

晏院长生前和去世后，银行里既无私人的存款，也无个人的不动产。他一生是那样主张的，也是那样彻底去做的。乡建学院代院长瞿菊农（又名瞿世英，当时驻联合国教科文组织代表，中共早期领导人之一的瞿秋白的亲叔叔，叔侄俩早期同时参加了革命活动），曾经这样说过：“晏先生在美国过的平民生活与他捐款手续清楚，是他受人尊敬的原因之一。”

我是一位普通的学生，对晏院长这样蜚声海内外的著名平民教育家，知之不多，不可能作全面的介绍。我的叙述虽然简单，但也可从这一滴清珠中，反映出太阳的光辉来。他的艰苦俭朴精神深深地、鲜明地体现了中华民族优良传统的美德，无论哪个社会，要想兴家创业，安邦强国，都不能缺此精神。晏院长这种高贵精神，永远值得后人学习！

（选自《学习晏院长的艰苦俭朴的精神》）

救国救民的忧患意识

曾庆权

我于1945年入学中国乡村建设学院农田水利学系，直接在晏院长教诲下学习。整个40年代接受了平民教育与乡村建设理论与技术知识的熏陶。

难以忘怀的1946年4月，晏院长为平教乡建运动奔走募捐，自美国回到离别3年的学院，首次在大礼堂向师生作报告。他仪态肃穆，学者风度，语言铿锵，说理剔透，扣人心弦，不负有名的演说家之称。当时尚为学生的我，倾听入神，茅塞顿开，暗下决心追随其后，终身为平民办事，志愿忠诚平教乡建这一伟大的事业。晏院长刚毅慈祥，平易近人，师生交谈无拘无束，有亲切感，很受我们爱戴，美好印象极为深刻。

我清楚记得1946—1947年间，晏院长邀请社会名流来学院讲学并主持报告会。先后有国内闻名实业家、重庆长江民生轮船公司总经理卢作孚先生（乡建学院董事），讲述发展民族经济，独创民营企业的奋斗史，勉励大家依靠自己力量办实业，振兴国力。北碚金刚碑勉仁学院董事长梁漱溟先生（乡村建设村治派代表人物、乡建学院董事）主讲抗日战争中所领导山东邹平乡建运动地方自治的纲领及其活动。梁先生探索建设乡村之路与晏院长殊途同归。此外，还邀有孙伏园、孙廉泉（华西实验区主任）先生等来校演讲以鼓励和启示同学们。学院多方面让学生了解、认识民族自救与建设乡村的光明前程和未来的希望。

晏老关心国家命运的忧患意识及民族责任感是从救国救民出发的。针对农民地位和乡村问题的深刻认识，抱定舍我其谁的态度，以极大的勇敢及赤诚、激情和谦逊的精神，抛弃城市舒适环境，携眷与平教同志们共同深入乡村，其伟大情操及自我牺牲精神与日同辉。

随着抗日战争的延伸，继而向华中湖南衡山、四川新都等地开展实验，成效显著。更于战后在四川璧山的华西实验区给农民做了大量好事实事。1948 年晏老考察四川水利工程大小 11 处、实验区有 2 处、完全修筑成功灌溉农田 20 万亩，功绩不可谓不大。由于兴修水利可增加农业生产，对农民有实际效益，称得上名副其实的乡村建设。

晏老对水利建设十分关注。平教会华西实验区办事处又争取到中国农村复兴援助拨款，动工扩建巴县梁滩河灌溉工程与青木溪增水渠工程（笔者参加设计施工及解放后任整修技术的负责人）。晏老于 1949 年出国前夕，特由实验区办事处水利组组长郭耀观教授和学院英语教员陪同，在工程处主管工程师向导下，兴致勃勃沿渠步行，边查看、边询问。还不时向民工、技术人员致意慰问。两项工程现在仍在发挥着作用。不仅梁滩河灌区保持农业高产稳产丰收，且平教会华西实验区在重庆解放前后所兴办的一些实绩，至今也仍造福于农民，应当永志勿忘。

最使我受鼓舞和激励的是：1985 年 9 月，阔别 35 个春秋 95 岁高龄的老院长从菲律宾回国，来到故乡四川考察，在成都锦江宾馆接见蓉城 50 余名乡建校友。欢迎会上，晏老以其兴奋欣慰的激情，作了一个半小时的讲话。使我们重温了求学时代的谆谆教导。

他着重讲了平教乡建运动“三发”理念要义：一是发现，不但发现了苦力的苦，还发现了苦力的力，苦力的潜伏力。二是发明，发明开人矿、脑矿。三是发扬，要发扬苦力的力，没有这一点，便没有平教乡建运动。他特别谈到乡建学院校徽上红色“平”字的意义：第一发扬人格平等精神，人皆可以为尧舜；第二要使人民受教育，机会平等；第三要固本，本固邦宁；第四治国平天下。开发脑矿的工作还要继续研究，要活到老、学到老、干到老。并强调说：“我们大家所有抱负、使命，终归有一天会实现；我们是躬行实践的人，应该坐而谈，起而行，言必信，行必果。”一席豪言壮语，胆识超群，气贯长虹，高度总结晏老为民为国的伟大思想，一生奉献的崇高精神。实在可佩！可颂！

亲聆教诲，目睹慈祥容颜，精神矍铄，声音洪亮，口齿清楚，思路敏捷。当谈到激情亢奋时，手势比画，两度拍案震响茶杯，气宇轩昂，炯炯传神，昔日讲学雄辩英姿再现眼前。讲话称呼我们是亲人、亲兄弟，不但是同胞，而且是同志，真是多么亲热友爱，感人肺腑。此次珍贵会见，欢乐情景，长留心田，成为永远的纪念。

（选自《晏院长关心水利建设》）

晏先生的用人之道

孙惠连

抗日战争时期，我开始接触中华平民教育促进会的工作人员，他们的思想作风，给我留下了不可磨灭的印象。

1937 年“七七”事变，日寇大举侵华，战火遍神州。年底，我父亲孙伏园一介文弱书生被平教会任命为接近战区的湖南省衡山实验县县长。亲友们闻讯，莫不感到诧异。后来得知，前任彭一湖先生也是平教会的文职人员。这就是晏公（平教会同仁常以此称呼它的创始人与领导人晏阳初先生）用人之道。那时，我在当地衡湘中学读书，已略知时局艰危，心想以搞平民教育为己任的平教会，怎样领导老百姓全面抗战？

衡山是京广线上一个小县城，境内南岳衡山名闻天下。国民党中央政府有不少机关从南京、武汉撤退，暂驻城乡各地。前线下来的伤病员，满街皆是。白天敌机轰炸，夜间军输民运充塞公路要道。县政府除日常政务外，又忙没完没了的军差急事。那时，这个县从县长到主任秘书、各局、各办公室、乡镇各级领导都是晏公派来的。他们大都是学有专长，年龄 30 岁左右的青年，其中包括解放以后任大学历史系教授的王硕如先生，任华南师范学院副院长的汪德亮教授，平民教育家堵述初先生等。他们朝气蓬勃、吃苦耐劳、任劳任怨，在各自的岗位上做了大量有利抗战的好事。至今印象深刻的有一身戎装、能文能武的章士元公安局局长，经常徒步往返城乡 60 里的白果乡。事实证明：平教会人员即使在战时，也能胜任繁重的政务，晏公在用人上是有魄力的。

1942 年的广西桂林是抗战大后方的基地之一，又是文化人集中的名城，文教卫生事业比较发达。八路军《新华日报》有办事处，共产党的《群众》杂志就在这里出版。我因浙赣县被日寇侵占，从江西撤退到桂林，在省立桂林中学求学，在这儿我再一次接触到晏公在平教会任用的人，有名的内科专家杨济时教授和妇产科专家李瑞林教授，他们夫妇同在省立医院任职，杨教授是院长。我离家数千里，举目无亲，生活困难，经父亲介绍，认识了他们。桂林两年，我不但在生活上得到他们无微不至的关心，而且在思想上也给我很大的教育，至今难忘。在杨院长办公室墙上贴有“谈话不超过 5 分钟”的字条，办事效率极高；他领我参观医院的解剖实验室，我第一次见到整日浸泡在药水箱里的尸体，实验室工作有条不紊，环境清静整洁，令我大开眼界；假日我到他们家里便餐，惊奇地发现他们夫妇间用英语亲切交谈。为了事业，他们不生育子女，工作认真而生活俭朴。友人告诉我，他们夫妇在美国的工作与生活条件极好，为支援抗战，毅然投身到大后方。解放以后，他们分别在天津与上海大医院、医学院任职，继续为人民服务。

1947 年我在重庆大学读书，学校成立医学院。负责筹备、工作出色并担任第一任院长的陈志潜教授也是平教的人。平教会真是人才济济，其中还有各样的医学院专家。使我加深了晏公广纳贤士的印象。

1938 年暑假，我在长沙第一次见到堵述初先生。那时他奉晏公之命前往延安考察，并见到毛泽东主席之后回湘不久。他除介绍延安情况外，又送我毛泽东的《论持久战》。这是我人生中第一次见到毛主席著作。这本书给我极大的鼓舞与教育，使我增强了抗战必胜的信心。1941年起堵先生被任命为《士兵月刊》社编辑，全面负责编务，在4年又8个月的岁月里，克服重重困难，用全面抗战观点，武装几百万国民党士兵的头脑，实在是一件极不简单的艰辛任务。堵先生在重庆，还在中央日报社、时事新报社等单位任副刊编辑，做过大量工作，得到较高的评价。全国解放以后，他在教育战线教书育人。改革开放以后，他以80岁高龄，撰写大量有关平教会和工作人员的回忆录，是一位值得尊敬的长者。

我接触的平教会工作人员中约有几十人，至今我不知道他们当中有多少共产党员、民主人士或无党无派人士，但他们的言行对我起了很大的教育作用，有些人甚至对我参加革命工作的思想、作风起到积极的作用。

晏公用人之道值得称颂的有：

（1）广纳贤士。晏公有句名言：“有贝之财易得，无贝之才难求。”平教会中人才辈出，专家学者为数不少，除前述之外，据我所知还有戏剧家熊佛西、教育家瞿菊农等。

（2）重视人才教育。教人者自身首先应受教育，晏公十分重视在职人员的教育，使他们生活俭朴、勤政廉政，接近群众。

（3）进出机动。平教会在全国范围内有不少组织与团体，我的印象中平教会人离开原单位后，仍然是平教会的人，必要时可回原单位或平教会的另一个单位，长期或短期工作。

（选自《晏公用人之道》）

不服老的演讲家

赵大年

1985年金秋，在北京的乡村建设学院校友和平民教育促进会同仁及其子女们，集聚一堂，热情欢迎晏阳初博士回国访问。这是我们盼望已久的心愿。时任全国人民代表大会副委员长周谷城邀请晏阳初回国考察，也是极高的礼节。93岁高龄的爱国平民教育家晏阳初，不辞旅途劳顿，万里迢迢回到北京，可见他的心是与祖国人民息息相通的。

北京是他生活、工作过的地方。这里有许多他早年的同事、学生，他的长公子振东、二公子新民，50年代初就从大洋彼岸回到北京为祖国效力，三公子福民英年早逝，其妻女也在北京。晏老先生是一定会回来的！

9月是北京最好的季节，这天风和日丽，一大早我就驱车接了振东大哥、新民二哥，和我妻子一起赶到天安门前的革命历史博物馆会议厅，恭候晏伯伯和群英大姐、华英小妹到来。小妹，是晏家内部对华英的爱称，其实她与我同岁，从幼稚园到高中都是同学，太熟了，所以也就跟着这样叫。

晏老先生准时莅会，精神矍铄，满面笑容，在大家的掌声中就座。我忽然想起家父40多年前的话，说晏先生无论开会、演讲，最遵守时间，口才出众，又注重仪表，头发一丝不乱，永远给人以精神振奋的观感。现在细看，老先生依然保持着当年思维机敏和演讲家的风采。

主持人致欢迎词之后，请晏先生讲话。与当年不同的是，他没有站起来腰杆笔挺地大声演讲。从前没有扩音器，晏先生在河北省定县给农民演讲，声音洪亮，手势明快，富有鼓动性。老先生今天坐着讲话，底气也很足，照样打着有力的手势，讲到高潮时，还跺脚，跺得地板咚咚响，群英姐笑着把他的膝盖按住。大家也笑了，因为我们又看见了不服老的演讲家。他讲话的内容实在令人感动，依然是几十年前的话：“我们中国人有百分之八十的老张老王”，他说的这个大多数人就是平民，也是农民。“我们的工作就是开脑矿”，这就是他为之奋斗一生的平民教育。

这些话过时了吗？没有。教育仍然是我们的基本国策，是百年大计。在科学技术日新月异的今天，中华民族要兴旺发达，国家要富强昌盛，就必须坚持不懈地发展教育事业，普及教育，提高全民族的知识文化水平。

家父曾经告诉我，青年晏阳初从老家四川只身奔赴欧洲，在参加第一次世界大战的十万华工当中进行扫盲工作。是啊，人的一生当中，70 年如一日地从事平民教育工作，从不懈怠，更不动摇，93 岁高龄了，还在向我们宣讲“开脑矿”，为大多数的中国平民服务，这种始终不渝的献身教育事业的精神，怎能不令人深深感动呢？

在北京这次欢迎会上，晏先生讲话之后，是大家发言。我站起来说：“晏伯伯，我的父母不能在这里欢迎您了。他们为平民教育工作到生命的最后一天，已经埋骨于重庆歇马场乡村建设学院的后山坡。您离开歇马场的时候我才十几岁。您瞧，我长大成人了。今天我和妻子一起来，代表我的父母欢迎您。小时候，我和华英同学，现在我又跟振东、新民在北京工作，仍然亲如一家人。”晏伯伯神情凄然，拉住我的手说：“你父亲赵水澄，母亲李静轩都是我们当年平教会共事多年的老朋友。”

会后大家与晏老合影留念。因为我参加中国作家代表团第二天就出国访问，未能跟随晏伯伯一行同去定县、成都、重庆，沿途聆听教诲，那就可以多几篇有价值的文章了，可惜失去良机。

我起立发言时，华英抓拍了几张照片，回到亚利桑那冲洗后才寄给我。她在信中说：“你的发言和照片都很好。我正在读你的小说《公主的女儿》，只是看得慢，简体字不认识，还得查字典。爸爸说他还要回国详细考察平民教育，给有关部门提出他的建议。我也会陪着来的，大家见面的机会还多。”然而，晏伯伯再也没有回国，北京一别，竟成永诀。

从我记事的时候起，家父就和孙伏园伯伯、堵述初叔叔他们在定县从事平民文学和扫盲工作，编写了大量的农民读物和识字课本。他们的职务是专门干事。后来我在有关的资料中得知，他们原先都是大学教授、外国留学博士，在晏先生的倡导下，自愿放弃城市舒适生活，来到艰苦的农村献身平民教育事业。我母亲是天津南开中学的美术教员，也到定县教农村妇女刺绣，画花样子，用紫花土布制作各种“割绒”图案的工艺品，卖给合作社，目的还是求得妇女解放和经济自立。最令人感动的是晏阳初夫人，我们叫晏伯母，农民都叫她晏太太，一个有外国血统的中国人，虔诚的基督教徒，成了平教会各位太太的领袖，带着太太们挨家挨户地说服动员农家女读书识字，学习制作手工艺品。晏太太天天跟农妇在一起，也奉献了自己的一生。难怪毛泽东主席要说他们“以宗教家的精神努力平教运动”了。

我因年幼，对晏阳初先生和平教会的工作知之甚少。然而他们以毕生精力奉献给平民教育事业的精神，在我们这些晚辈心中是不会忘记的。

（选自《难忘的记忆》）

博士下乡，与农民为伍

陈凤元　陈菊元

我们小时候在河北定县，有好几个农历新年都是在晏叔叔家过的。所以每逢农历岁暮年首，我们都会想起这位长辈。他就是60多年前下乡与农民为伍的晏阳初博士。他不但有渊博的学识，而且才华出众。他平素演讲，十足表达他的意志和热情，使人深受感动。他的大半生全部奉献给平民教育事业，是世界著名的平民教育家，也是乡村建设运动的元老之一。

1985年晏叔叔应邀回国参观考察，我读了《人民日报》10月14日介绍他的文章以后，很怀念这位叔叔和过去在定县的日子，引起了不少回忆。

1928年5月9日，晏叔叔创办的平教会发行的《农民报》发表了勿忘国耻的文章。那时北京直奉宪兵司令部竟然派兵查封该报，并包围平教会。那天晏叔叔有事去了天津，代理负责的是我的爸爸陈筑山。宪兵来到，不容分说，即将我爸爸和在会的职员都带走。第二天晏叔叔回北京，一到车站，熊佛西先生迎上去告以实情。晏叔叔立即挺身而出，赶去司令部质问，并要求拘捕他本人释放其他同事。对方不允。晏叔叔立即致电张学良，过了48小时，才得到张的复电放人。晏叔叔亲去看守所接人。正值我爸爸等人专心教两名士兵读“千字课”（那时当兵的大多不识字），教者专心，学的人也专心，晏叔叔大声呼唤，他们才觉察。他们走时，士兵依依不舍。他们原指望我爸爸等人能教会他们读书的。这情景感动了在场所有的人。

早在1923年于北京成立中华平民教育促进会时，总会办事处和宿舍就在宣武门石驸马大街。（这会址是一位有名的热心人士熊希龄公公让出的住宅。）晏家和我们家及其他一些工作人员，都住在那里。这机构从那时起很多年，先后在华北、华中、华西、华南等一些城市里展开了义务扫盲活动，做了大量令人敬佩的工作。

1926年，他们扩大了组织，集合了包括教育家、社会学家、医生、画家、文学家、戏剧家等专业人才，深入河北定县农村，展开乡村教育与建设工作，把整个县办成“实验县”。在晏叔叔的领导下，他们进行了一系列改变农村落后面貌、改善农民生活、开展农村教育的工作。农民亲切地称他们为“博士下乡”。

他们所需经费大部分是晏叔叔从他在美国到处演讲募捐得来的。1928年他应邀赴美讲学，并接受耶鲁大学名誉博士学位。经过十个月的奔走呼号，募得50万美元。翌年回国，又聘请了几十位专家到各地乡村工作，先后在湖南、贵州和四川办起实验县（区）。

半个世纪前的旧中国农村，处于水深火热之中，农民温饱都成问题，若要办乡村教育，想改造农村，真是难上加难，绝不是一两个人所能办到的事情。平教会专家很多，他们同心协力，肝胆相照，肯牺牲个人利益，对事业作出了很大的贡献。那些伯伯叔叔甘心情愿去到黄土一片的定县，在乡村、城镇默默地耕耘。他们的姓名我大多说不上来，因为当时小孩不准直呼大人姓名，见到大人只是鞠个躬，叫声伯伯叔叔，就走开一边玩去，吵大人谈话是不行的。不过有几位的姓名仍然记得，如熊佛西先生、孙伏园先生、黄齐生先生等，后来我长大了，才知道他们都是受尊重的了不起的人物。

晏叔叔是一位精力充沛、热情洋溢的人。他喜欢唱歌，就在 90 多岁时，唱起歌来也不走调。他还喜欢打网球和游泳，直到 90 余岁仍坚持游泳，所以身体锻炼得很好。他说话的声音洪亮，讲一口流利的英语；但是一说中国话，就脱不了他那四川口音。他的音容笑貌，至今还清晰印在我脑中。

记得 1933 年快到圣诞节的时候，我们到东大街晏宅串门。晏叔叔谱写了新的歌曲，请我爸爸填词，他兴致勃勃地带着我们唱歌。晏叔叔站在院子里大力拍手（这是他每次叫孩子们出来的信号）喊着："都出来，快来唱歌。"我们好几个孩子，正在晏家孩子睡觉的北屋里玩，听到拍手声都跑出来了。他领我们走进东屋，东屋里面的小间是书房，放有书架和书桌；外屋较大，放有一座钢琴和一套沙发。我们挤在钢琴周围，晏叔叔亲自弹琴，并一句一句地教我们唱歌词。晏叔叔一个人的声音把一群孩子的声音都盖过了，那雄浑而共鸣的歌声，给我们留下了深刻的印象。至今还常在耳边回荡。虽然歌词现在早已忘记了，但那曲调，至今我还能哼得出来。

晏叔叔热爱祖国和家乡，以 90 岁高龄，还长途跋涉两次回国参观考察。他在《九十自述》中写道："我的乡井在四川巴中县，那儿，有我多少脚印，踏在山之巅、水之涯。那儿，埋葬着父母的慈骨，也珍藏着童幼年温馨的记忆。尽管我是四海为家，有时午夜梦回，难免乡思万缕……记忆中的故乡，随着我环绕天涯。"他就是这样一腔热血充满感情的长者，他的形象永远存在我们心中。

（选自《忆晏叔叔》）

永远怀念的科普先驱

周孟璞

早在30年代，我就知道晏阳初博士是一位世界名人，著名的平民教育家。他的定县实验世界闻名。我在中学时代还和他的一位侄儿是同学。后来，我和陈筑山先生的女儿陈菊元结婚，更知道一些晏老的具体事迹。1985年晏老回国来到成都，菊元和我来到他下榻的锦江宾馆，当我见到他老人家时，也跟着菊元很亲切地称他“晏叔叔”。晏叔叔精神很好，向我们问这问那说个不停，还多次赞扬我的岳父，说我岳父写了一个很好的平教会歌词，还谈起他们第一次相见就情投意合的情景。这次相见给我印象极深。我万万没有想到，这既是一次亲切的相谈，也是最后一次相见。这次面谈竟成永诀。

晏叔叔不仅在平民教育、乡村建设方面作过巨大的贡献，而且在科普方面的贡献也是巨大的。他是我国科普老前辈、科普先驱。他的科普思想很了不起，他的科普实践所取得的成绩至今都有着广泛的借鉴价值。

科普的核心是普及科学思想、科技知识和科学方法，功能是提高人的科学文化素质，目的是发展社会生产力。晏叔叔的科普思想既抓住了核心，强调了功能，又指明了目的。我们从他的许多论述中可以见到。最显著的、最有创造性的是他曾高度地概括提出“科学简单化”“农民科学化”的口号。他说：“20世纪及今后世界最大的挑战是如何应用现代科学推广到广大落后地区的民间。也就是如何将科学简单化、农民科学化。”又说：“如何把科学知识传播给广大农民，这是世界科学家面临的最大挑战。我们需要给农民一把打开现代科学大门的钥匙。这就是简单化（容易教，容易学），经济化（不经济，学不起），实际化（不实际，他不学）……关键是科学要简单化，这是一切的一切。”并且明确指出：“对农民进行生计教育，是为了有效地发展他们的生产力，改善他们的生活。”他的这些论述，充分反映出他的科普思想、科普观。在他的正确科普思想指导下，他在定县实验中，依靠和信任一批科技专家，充分发挥他们的专长，在科普方面取得了突出的成绩。

晏叔叔在他的四大教育中的生计教育和卫生教育中，包含着丰富的科普内容，取得了很好的社会效益。如，定县刘玉田号小麦的培育成功和大面积推广，充分体现了“科学简单化”和“农民科学化”的成就。刘玉田是定县牛村一名40岁左右的普通农民，在晏叔叔的正确科普思想指导下，他为了提高小麦产量，努力学习农业科学知识，掌握了培育良种的科学方法，培育出了抗病虫害、耐旱耐寒抗风的小麦高产新品种，当时定名为“定县刘玉田号”小麦。推广后收到很好的效益。又如，在定县实验的卫生教育中，创造性地建立了三级农村保健网，由村保健员、区保健所和县保健院自下而上组成网络，在农村中进行卫生宣传和预防疾病的卫生科普工作，同时承担治病的任务。一批农民培养成了农村保健员，成了农村重要的卫生工作力量。三级保健网的突出成绩，可用预防天花的种痘工作为例。他们从向农民宣传种痘的科学道理起，进行艰苦细致的试验推广工作，经过了五六年的努力，到1936年全县内消灭了天花。30年代能在一个县的范围内消灭天花，当时在全国是绝无仅有的。

晏叔叔在科普方面的成就还宣传得很不够，他的科普思想、科普方法很值得我们研究借鉴。今天，我们纪念他，就是要在科普的道路上，踏着他的足迹前进。

（选自《纪念科普先驱晏阳初叔叔》）

平民教育运动的开拓者

雷洁琼

晏阳初先生是享誉国内外著名的平民教育家，乡村改造运动的倡导者和实践家，是一位爱国知识分子。从 20 年代起，他将毕生精力献给了中国的与世界的平民教育和乡村建设事业，作出了杰出的贡献。他的平民教育理论和实践不仅在我国，也在亚、非、拉等世界各地产生广泛的影响。“晏氏教育观”至今仍在美国备受推崇。1943 年，他被推选为当代世界上对社会最具革命性贡献的十大名人之一。

晏阳初早年留学美国，获博士学位，在第一次世界大战期间，中国参加协约国向德国宣战，在华北招募了 20 万华工到法国战地。他这时刚在美国耶鲁大学毕业，1918 年毅然应募到法国为华工服务。在这里他发现 90%华工目不识丁，他自编千字课本，创办华工识字班和《华工周报》，华工在国外受侮辱欺凌的苦难，激发了他的民族自尊感。他说：“这时我开始认识真正的中国。”“赴美国求学时，脑海中没有‘平民’二字。这些人由于没有机会受教育，受到外国人欺凌，牛马般待遇”，“激起我的义愤，誓愿为‘苦力’献身”。“同时想到中国未受教育者何止这 20 万华工。我决定回国后不上政治舞台，不做大学教授，而去教育广大平民”。他认识了“苦力”的“苦”和“苦力”的“力”。

1920年他由美返国，受到“五四”新文化思潮的进步思想影响，走知识分子与工农相结合的道路。他不辞辛劳，先后到华中、华北和华西地区19个省进行调查，宣传“除文盲，做新民”的平民教育，推动城市平民识字运动。1922年中华平民教育促进会成立，1929年平教会在河北定县成立定县实验区，在定县对农村社会进行全面深入的调查研究中，晏阳初探索出：“中国农村的主要问题，集中表现为‘愚、贫、弱、私’，即文盲、贫穷、疾病、恶政”，针对四大问题，推动平民教育、平民生计、平民健康、平民政治四大教育，进行乡村改造。在实践中倡导以学校、社会、家庭三位一体的连环教育方式。他号召知识分子从象牙塔中走出来，从书本中走出来，从课堂中走出来，深入民间。当时一批又一批留学生、大学生、教授、学者和医务人员由各大城市纷纷奔赴农村，参加定县实验工作，他们通过社会实践，走上知识分子与工农大众相结合的道路。

1931—1937年，我在燕京大学社会学系任教时，每年带领学生前往定县实验区实习，在农村进行调查、访问，很多大学生毕业后参加定县实验区工作，推动扫盲及技术指导等四大教育，密切了和农民大众的联系，认识了中国农村社会问题，对我国当时农村建设起了促进作用。定县实验区正是运用科学的理论联系实际的方法开展工作。晏阳初目睹我国县一级——我国基层政府贪污腐化状况，认为基层政权和人民大众生活密切相关。被称为“父母官”的县长，实际上则是“暴君”。他冲破农村旧势力的阻挠，在湖南、江西、四川等各地举办县长训练班，培训人才，分配到各县政府，灌输新血液，组建新政府。1938年抗日战争期间，我在江西省妇女指导处工作，江西遂川县成立了妇女指导处，当时遂川县县长参加了县长训练班。遂川县虽未用实验县名义，但负有研究实验的任务。

1950年以后，晏阳初担任国际平民教育委员会主席和联合国教科文组织顾问，致力于国际，特别是第三世界国家平民教育和乡村建设事业，提出：“除天下文盲，做世界新民”。1960年他在菲律宾创办了国际乡村改造学院这一国际性教育机构，他还协助印度、泰国、加纳以及一些中美、南美国家建立了乡村改造促进会。晏阳初成为国际乡村改造运动及平民教育运动的奠基人。

晏阳初于20年代至40年代在国内推行的大规模的农村教育改革和乡村建设运动，为提高广大农民文化水平，建设农村，培养大量农村工作人才作出了可贵的成就。在今天我国进行深化教育改革时，要以实事求是的科学态度对晏阳初在当时推动的平民教育和乡村改造运动以及他的教育思想进行探讨和研究，吸取有益的经验，以促进我国教育改革和农村改革的深入发展。

（选自《晏阳初——平民教育运动的开拓者》）

临别的嘱托，难忘的教诲

陶维全

从20世纪50年代起，晏阳初博士将其在中国实践获得的平民教育和乡村改造工作经验，传播到其他发展中国家，并先后在菲律宾、泰国、印度、加纳、危地马拉和哥伦比亚6国正式设置了乡村建设工作机构。为了和他离别近40年的中国乡村建设工作者交流经验，弘扬平民教育思想及事业，晏先生决定在菲律宾召开国际乡村建设研讨会。

研讨会于1988年4月2日—26日在菲律宾卡维特（Cavite）省色朗（Silang）镇的国际乡村建设学院（IIRR）召开。参加会议的中国代表有全国人大教科文委办公室、中央教育研究所、山西师范大学、河北省政协、定州市政协和农村经济管理干部学院等单位的学者、专家共25人。詹一之同志和我应研讨会之邀，代表中国乡建学院校友会参加了会议。晏老以95岁（按晏氏族谱载应为98岁）高龄，不顾疲劳地自1月起，就从纽约赶到马尼拉，一直等到4月下旬主持这次研讨会，并亲自向与会者作了五次大报告，讲乡村改造历史及哲学（History and Philosophy of Rural Reconstruction），包括第一讲开创（Genesis），第二讲平教运动

（Mass Education），第三讲平民实验区（Ding Xien Experiment），第四讲四六连锁（Inlegraled Four-Fold Approach），第五讲乡村改造信条（Rural Reconstruction Credo），内容丰富，精彩动人。

作为晏院长的学生，詹一之和我除了参加研讨会、听晏先生讲课之外，还利用会外时间，两次约见晏老，到他家做客，当面聆听教诲。

一次在4月21日下午，我们受乡建学院校友会的委托，将所带的字画和其他小礼品赠送给晏老。他老人家满面笑容地接待了我们，并无限深情地说：“同志应该高于同胞。坚持乡村建设的，是同志。”在谈话中，晏老十分谦逊地讲：“你们这次来了，是共和国第一次派代表到我们这个小小的地方来。在异国他乡接待我的同胞、同志。中国人欢迎中国人，感慨万分，真是一言难尽。你们还是我的学生，如同看到自己的孩子，格外亲切，真是高兴得不得了！”如同作大报告时一样，讲到这里，晏老又情不自禁地朗诵起李白所写的“床前明月光”那一首著名的唐诗来了，流露出他深切怀念故乡的爱国之情；边看校友们赠送的中国字画，晏老又反复讲他如何从北平的象牙塔钻到农村泥巴墙内的非凡经历。他说：“在20年代，我们一批留学生，从欧、美、日回到中国，感到无用武之地。当时，人民穷苦不堪，政府腐败不堪，社会上贪污成风，贿赂公行。老百姓听到我们要搞平民教育和乡村建设，就高兴得很，非常欢迎。实际上，我们到农村去，只做了两件事：一是办识字班，全国办，好多省都建立了平教会；二是动员和组织一批大学者、大作家、大画家下乡，为农民创作、绘画、编书、写文章。我常说，林肯没上过大学，不是大学者。当时，在美国，不懂拉丁文的，不能算学者。正如在中国，不懂古文，不能叫学者一样。他们写古文写惯了，不会写白话文。写的东西，老百姓看不懂。民智未开，潜力发挥不出来，因而贫穷。中国之所以落后，原因就出自这里。中国三千多年来，没有人注意研究这个脑力开发（开脑矿）问题。我们就干这个。干它一辈子。贫贱不能移，威武不能屈！”讲到这里，晏老显得格外兴奋、激动。他说：“我今年95岁了，人们都称羡我年高，其实年龄大小，寿命长短，并不重要。重要的是，你活着干了些什么？为人民、为同胞作出了什么贡献？要把对平民百姓的奉献和年寿结合起来，活着才有意义。”

将近40年没有直接聆听晏老的系统讲演了。这次到菲律宾听了晏先生的几次报告，深感他的思想、理论有很大的发展，其中之就是“两种瞎子”的观点。在同我们的谈话中，晏老又讲了中国的问题，主要表现为“两种瞎子”的现实和存在。何谓“两种瞎子”？晏老说：“就是文盲和民盲。”他认为，中国人聪明，不是不可教。而无教，没有机会受教育，文盲乃多。文盲为什么多？由于领导者看不到人民的聪明才智和潜伏力，是一批“民盲”。晏老说：“中国的一批文人学士，那些高高在上、坐在办公大楼发号施令的人，不懂得人民，我叫他们为民盲，在我们那个年代，你到图书馆，哪能看得到写人民生活、生计的书？看不到。看到的都是大部头，大文章，还有经书什么的。那些写书的人，与一般苦力照过面、交过心、谈过话没有？都没有。他们是民盲。你姓晏的，留学回国，住在北平、天津，吃得好，穿得暖，写几篇文章。与那些百分之九十以上的住在乡村的农民不相干，有什么用？狗屎不值！所以，决心从象牙塔上走下来，到泥巴墙里去，再造自己的立场、思想和方法。因而，我们不只是乡村建设，还要乡村改造（Rural Reconsruction）。它造过了，还要再造，故曰乡村改造。”

另一次，是4月24日晚上，詹一之和我专门向晏老汇报重庆市与平教会在北碚歇马场合办乡村建设研究中心的问题。参加的还有国际乡建学院院长弗拉威尔（Flavier）先生、颜彬生女士和秦宝雄先生。事情的起因是，晏老于1985年9月回国访问，先后到北京、河北和四川考察，对祖国

30多年来的乡村建设成就感到特别兴奋。对党的现行政策十分赞赏，说他看到了中国的光明前途和希望。由于为国内四化建设和出乎意料的变化所感动，晏老在成都听取原乡建学院部分校友提出创建中国乡村建设研究中心的倡议后非常高兴，当即表示支持。之后，他还专门委托华西医科大学陈志潜教授作为他的代表，与重庆市商讨创建研究中心的方案。其间，多次表示和催促，要资助这中心的早日建成。詹一之和我便借到菲律宾参加研讨会的时机，约定向晏老汇报我们同陈志潜教授商讨并经中国政府有关部门原则同意的方案设想和办法。晏老在听取汇报后，又作了多次讲话，其中很多是出自他的肺腑之言。晏老表示，他对乡建校友们为筹办研究中心而四处奔波所表现出的勤奋努力和诚实工作，甚为感动。同时，对有些问题，也要向"你们——我的学生、孩子"讲清楚。

首先，关于经费问题。晏老说："平教会刚成立的时候年经费多少，你们知不知道？3600元，包括我们的工资在内。确实是一件很不容易的事情。我们当时的口号是：'有钱出钱，没有钱就教书。'记得1922年，我在长沙办平民识字班时，毛泽东先生也曾担任讲课，没有拿什么工资。参加识字班的学员，缴4个铜板。买一本书，念一学期就完成了初识字计划。那时，南开大学就有人攻击我们，说'平民千字课不能算教育'。这些大人先生们，高高在上，不了解民众，我叫他们为'民盲'。所以，你们说的研究中心，如果要办，由谁来办？要考虑好。"

接着，晏老就讲："我搞平教会时，先办事，后筹款。有钱要干，无钱也要干。穷干、苦干、能干，就靠这'三干'，当时只有3600元啊。"在具体谈到经费问题时，晏老又讲："我搞了六十多年，深知弄钱的事，很不容易。中国人捐钱，除非大灾大难，或者修庙宇、造坟墓，等等，可以。为办教育捐钱的，我没听说过。在美国，捐钱也不难，什么救济组织、红十字会，等等，可以。办教育，捐钱也不容易。当然，只要你脚踏实地做点滴工作，取得了成绩，他看到了，还是能捐的。过去，中国军阀割据，谁愿拿钱办教育？我们是哑巴吃黄连——有苦说不出口！其他的一些人，募款办教育，十年，二十年，了不起啦。我办了七十年，沿门托钵，东讨西求，还在奔波！我们买的这块地方（指 IIRR750 亩校园），开始是一片荒芜，除了三棵树，什么也没有。”讲到这里，晏老脸上明显地露出了较为轻松的表情，他说：“世界上的伟人，很多是没有钱起家的。”

在谈到谁来办时，晏老问了一之同志的年龄。他含笑地说：“啊，62 岁，还算青年嘛。只要我们的同学，还没有忘记平民教育和乡村建设这件事，就了不起。‘力恶其不出于己，而不必为己。’最没有价值的是，只说不干。自力更生，本来是很对的，但中国人把它用错了，将其理解为自己发财，个个享福，为自己、为家族各人赚钱各人富，休管他人穷不穷！这叫什么自力更生？我晏阳初要升官发财，不住北平、天津，而卷起裤管往乡下跑，钻泥巴墙，哪有这样笨的人？搞乡村改造，办平民教育，如果朝自私自利方向走，迟早得关门；反之，就不会关门，后继有人嘛。在中国的同学当中，还有一批坚持乡村建设这个大志的人，了不起。我希望，大器晚成。搞乡村建设到今天七十年啦。机关小，志气大。要扫除天下文盲，做世界公民！这两位（指弗拉威尔院长和颜彬生女士）是当今世界上坚持平民教育事业最卓越的人物。你们两位同学，等于我的两个兄弟，是有大志的青年。你们提的要求，今天办不到，但不等于永远办不到。只要做出了成绩，会得到社会支持的。一个人立志干一番事业，开始没有钱，我肯定说，他前程远大；如果有钱，而且很多，就难得说了。如因没有钱，就灰心丧气，那就是失败的起点。”

晏老还告诫我们：你们写书，光讲晏阳初教育思想，不够。我讲的四大教育，正如 IIRR 的院标——四个圆圈连环并置那样，是一个整体，不能割裂，不能只突出一项。光靠教育，不能解决中国的问题。过去，有人主张教育救国，不行。我们提出的四大教育（文艺、生计、健康、公民），开发四种力量（知识、生产、健康、团结）就是一个完整的体系，互相依存，不可分割。它正说明我们毕生为之奋斗的乡村改造事业是一个完整的系统工程，不是修修补补、零零碎碎的盲动。梁启超是我最崇敬的一位中国知识分子的代表，他办《新民丛刊》，其“新民”思想是革命的现代思想，过去一百年，很少有像他那样纯真伟大的学者。我创办平民学校时，原想请他主持，他也答应了，可惜不久就离开了人间，他逝世时才50岁次，我见到梁先生，同他谈什么叫新民，我说好多人还没有弄清楚。我认为“四力（知识、生产、健康、团结）兼备方为新民，必须是兼备。正如五个指头，如果摊开，难提四两，紧握拳头，力量就很大了。这个综合和联系，道理很深，说起来容易，要做到很难”！

最后，晏老说：“我们今天晚上的会见，是兄弟姐妹团聚，也是同胞相会，是一次有历史价值的会晤，倍感亲切。让我再一次说，同学们办乡村建设研究中心，我一定做大家的后盾。请不要忘记晏阳初这几个字！”

晏老以98岁高龄，在那次研讨会刚刚结束的时候，为了给事业的发展筹款，没有休息一天，就于4月28日离开菲律宾飞往加拿大去了。听说由于过度劳累，途中生病，晏老被迫回到纽约疗养。谁料在1990年1月竟永远离开了我们，使马尼拉的会面成为永诀！他老人家接见我们倾吐的肺腑之言，成为最后的嘱托、永远难忘的教诲。

（选自《临别的嘱托，难忘的教诲》）

一辈子只做一件事

邱建生

从1918年在第一次世界大战战场的华工营，到1990年在美国纽约去世，70余年，晏阳初只做了一件事，即在世界范围内推动平民教育和乡村建设。

在法国华工营，晏阳初在服务华工中受到华工的教育，他开始认识中国的“苦力”，他们“苦”，但身上却潜藏着巨大的力量，只因教育机会的缺失，这种力量得不到发挥。晏阳初用“脑矿”来形容他的这一发现，这种发现，对中国来说，真是不亚于哥伦布发现新大陆。因为长久以来，中国的劳动阶层被天然地隔绝在知识之外，被认为是“无用的人”，这种观念深入人心，连劳动阶层本身也看不起自己，总是渴望一个“救世主”来解救自己；而以士大夫为代表的知识阶层则高高在上，总是以一种“解救者”的姿态出现在劳动阶层面前。

青年晏阳初则在这些“苦力”的身上，看到了中国的希望，乃立下志愿，回国后不升官不发财，只为发扬“苦力”的“力”奋斗终生。

晏阳初1920年回国，当时“五四”运动之后各种思潮风起云涌，农村在资本和官僚的挤压下正陷入衰败，百姓衣不饱食，革命正在酝酿之中。彼时的中国，有85%的人不识字。晏阳初的工作，就从“除文盲”开始。他首先从中国众多的汉字中挑出1000个常用的，编成《平民千字课》作为教材，然后分别在长沙、嘉兴、烟台几个城市进行扫盲试点，成效卓著。

1923年中华平民教育促进总会（简称“平教会”）在北京成立，晏阳初任总干事，以后几十年，直到新中国成立，晏阳初一直以这个身份在国内开展工作。平教会成立后，晏阳初的工作重心逐步从城市转到农村，因为农村人口占了80%，农村有90%的人不认字，农民普遍在破产的边缘。

1926年以后，晏阳初以河北定县（今定州）为根据地，以县为单位，开始了综合的社会改造实验，史称“定县实验”。“四大教育”“三大方式”是对定县实验较好的概括，即文艺教育、生计教育、卫生教育、公民教育连锁并进，学校式、家庭式、社会式统筹进行。其逻辑是，农村的问题不是某一个方面的问题，是全局的问题，不能头痛医头、脚痛医脚，必须谋求综合的解决之道。

晏阳初从国民性的角度，把当时中国人的问题概括为“愚”“穷”“弱”“私”四大病症，这病怎么来医治，晏阳初认为教育是根本之道，所以定县实验的核心只有两个字：“教育。”但教育不能孤立存在，必须与建设合谋，教育为建设服务，建设反过来促进教育。所以我们会看到定县实验中更多的是建设工作，比如品种的改良，灌溉工具的改良，棉花购销合作社的组织，乡村保健室的设立，而教育则蕴含在这些建设工作之中。

新中国成立后，我国备受国际推崇的赤脚医生制度，广受国内NGO采用的参与式社区工作方法，以及国务院扶贫办近些年的“整村推进”计划，联合国当前在世界范围内为消除贫困所做的努力，我们都可以看到定县实验的身影。

在定县实验最鼎盛的时候，定县聚集了近500位知识分子，其中有60余位是学有专长的归国博士、大学教授、校长等，所以当时的媒体把晏阳初领导的平民教育运动称为“博士下乡”运动。而让这些既富于创造力，又特立独行、以自我为中心的一流人物一起工作并不是一件容易的事，晏阳初需要花费1/4的时间“逐渐让他们明白什么是服务和自我牺牲的精神”。

抗日战争爆发后，平教会撤出定县，转战湖南、四川，后在重庆北碚的歇马场落脚，创建中国乡村建设学院，晏阳初领导的平民教育与乡村建设工作向深处发展，以定县工作的经验为基础，培养乡村建设人才，同时开辟华西实验区，直到1950年。

华西实验区时期，平教会开始进行“土改”实验，以和平的方式从地主手中赎买土地分给农民。

新中国成立后，晏阳初以国际平民教育委员会主席的身份，在广大的第三世界国家推广其在国内的平民教育与乡村建设经验，在菲律宾创办了国际乡村改造学院，为第三世界国家培养乡村建设人才。

（选自《为中国找回晏阳初》）

爱国的教育改革家

赵元成

晏阳初是我国现代教育史上的一位爱国的教育改革家，在他身上具有当时中国进步知识分子所共有的强烈的爱国热情与深沉的忧患意识。由他倡导和由当时教育界有识之士推动的影响广泛的平教乡建运动，实际上是一批怀着赤子之心的爱国知识分子为使中国农民摆脱贫困愚昧，为改造旧中国落后面貌，企图使中国农村汇入现代文明洪流，而推动中国走向现代化的一次可贵的尝试。

他们以科学的精神，通过广泛深入的调查研究，认识到中国的严重问题是农村与农民问题，因而试图从教育的立场出发，以提高国民特别是占人口总数85%以上的农民的知识水平、团结组织力与经济组织力的水平谋求中国农村的现代化最终完成“民族再造”的历史使命。从初期的城市平民教育到后来的定县的乡村改造，平教会通过科学调查，逐步制定并实施了一整套完整的教育改革方案，从教育目标、教育内容、教育设施、教育方法与手段，都进行了全面的研究与实验。他们还提出“科学简单化”的口号，将现代农业的有关技术及经济组织形式、管理方法引进各实验县中。晏阳初以及平教会当年所从事的教育改革实验运动，无论就其规模之宏大、历史之长久、组织之严密、计划之周详、参加的教育及农业等专业人员之众多，以及运用现代教育理论指导实验的深度与广度来看，都是极为引人注目、卓有成效，并可为今天的教育改革借鉴的。

晏阳初倡导并率先带头实行的知识分子走出象牙之塔，回到民间与贫苦农民生活在一起的做法，可谓是开现代知识分子与农民相结合风气之先河的壮举，也是对士大夫封建旧习的一种严重挑战。从北京到定县，其意义远不止是地理上几百里路程的转移，实在是时间上十几个世纪的超越，它标明了新一代中国知识分子与官本位封建意识的彻底决裂。几十名学有所长的归国博士、高级知识分子以及五百多名大学与专科毕业生，抛弃了城市舒适的环境和优厚的待遇，心甘情愿地到条件十分艰苦的农村从事教育工作，去为“老张老王”的老百姓服务，这本身就说明晏阳初以身作则倡导这一运动的号召力、吸引力、凝聚力和团结力，而晏阳初本人也确确实实是一位能够广纳天下贤士的团结模范。作为一个由私人学术团体倡导的教育运动，克服了经济、人才、环境等方面的重重困难，以后又从中国走向世界，开展国际平民教育和乡村建设运动，竭力推行，长达七十年之久，如果没有坚定的信念，没有坚韧不拔的毅力，没有自我牺牲的献身精神和胸怀祖国、放眼世界、民胞物与、四海为家的国际精神，是难以坚持到底的。为了开展平民教育运动，晏阳初“不做官、不发财、不为士大夫服务”，贫贱不移，威武不屈，几十年间含辛茹苦，忍辱负重，“沿门托钵”四处奔波，募捐教育经费，而自己却两袖清风。

（选自《中国人对世界文化的新贡献》）

附　录　晏阳初年谱

宋恩荣　熊贤君

1890 年（清光绪十六年）

10 月 26 日（农历九月十七日）生于四川省巴中县。名兴复，字阳初。（一说生于 1893 年。今据“晏氏族谱”：“兴复，生于光绪十六年庚寅九月十七酉时”；另据《九十自述》，晏阳初本人也提到“生于 1890 年”。）

1898 年　8 岁

入父亲美堂先生所设塾馆受启蒙教育。

1903 年　13 岁

离家赴保宁府“中国内地会”创立的西学堂求学。

1904 年　14 岁

在西学堂领受基督教洗礼。

1906 年　16 岁

完成西学堂初级学业。

1907 年　17 岁

到成都入美国“美以美会”设立的华美高等学校就读。

1911 年　21 岁

保路运动、辛亥革命兴起，成都各校停课。遂返巴中，任中学英文教师。

1912 年　22 岁

回到成都，继续协助传教士史梯瓦特（史文轩）办辅仁学社。冬，在史梯瓦特的建议与陪同下，经上海赴香港深造。

1913 年　23 岁

1 月，在圣梯芬孙书院注册入学。

9 月，以第一名成绩考取圣保罗书院（香港大学前身）。因拒入英国籍，丧失 1600 元奖学金。

1916 年　26 岁

夏，乘海轮赴美。9 月抵新港，入耶鲁大学，攻读政治学。是年加入耶鲁大学唱诗班，并秘密组织中国留学生成志会。

1918 年　28 岁

夏，从耶鲁大学毕业。旋搭乘美国军舰奔赴法国白朗，开始了为战地华工的服务工作。

并开办汉文班，教华工识字。其一生之平民教育事业自此发端。

1919 年　29 岁

1 月，创办《华工》周报，旨在“开通华工知识，辅助华工道德，联络华工感情”。秋，返美入普林斯顿大学研究院，继续攻读政治学，兼习历史学。一年后完成学业，获硕士学位。

1920 年　30 岁

7 月 29 日，自美国西海岸搭乘“俄罗斯皇后号”海轮启程回国。

8月14日，抵达上海。遂与中华基督教青年会总干事余日章商讨推行平民教育运动。开始主持该会智育部新设之平民教育科工作。后赴济南、天津、北京、南京、汉口等地考察。

1921年 31岁

9月，与许雅丽结婚。

1922年 32岁

2月，主编的《平民千字课》由青年会书局印行。同月，在长沙组成湖南平民教育促进会，开始进行平民教育实验。

1923年 33岁

2月，抵烟台推行平民教育实验。

8月，中华平民教育促进会在北京成立，任总干事。

1924年 34岁

夏，应张学良邀请，赴奉天讲授平民教育要义与千字课。

11月，赴直隶保定、宛平推行平民教育。

1925年 35岁

7月，赴檀香山出席太平洋国民会议，演讲《中国建设力量——平民教育》。

1926年 36岁

10月，平教总会在定县设立办事处。划东亭镇等56村为乡村社区，开始定县实验。

1927年 37岁

张学良、杨宇建出资800万元，请晏组织政党，通过平民教育共建华北。晏以“保持平教运动独立性”为由，婉言拒绝。

1929 年　39 岁

7 月，中华平民教育促进总会由北平迁入定县考棚，晏阳初与平教会同仁携家属同时迁居定县。

1931 年　41 岁

2 月，赴南京会见国民政府中央研究院院长蔡元培。协助筹办江苏省民众教育学院，并分别在南京、无锡、苏州等地演讲平民教育理论。

5 月，抵美国，领受耶鲁大学文学硕士荣誉学位。应邀在美国全国教育会上演讲中国平民教育运动。

是年，应蒋介石之邀赴浙江奉化溪口参观乡村建设，后至南京与蒋氏夫妇长谈。

1932 年　42 岁

12 月，参加第二次内政会议。

1933 年　43 岁

春，河北省县政建设研究院成立，任院长。

7 月，赴山东邹平参加第一次乡村工作讨论会。

1934 年　44 岁

10 月，第二次乡村工作讨论会在定县召开。

1935 年　45 岁

10 月，赴江苏无锡参加第三次乡村工作讨论会。

1936 年　46 岁

2 月，南下与湖南省主席何键、湖南省教育厅厅长朱经农商组“湖南省实验县政委员会”。

4 月，华北农村改造协进会成立，任执行委员会主席。

6 月，中华平民教育促进总会迁至长沙。

7月，湖南省衡山实验县成立。

10月，四川省政府设计委员会成立，任副委员长。

1937年　47岁

8月，出席国民政府国防参议会。

1940年　50岁

10月，私立乡村建设育才院开学，任院长。

1943年　53岁

5月24日，哥白尼逝世400周年纪念会在纽约举行，获“现代世界最具革命性贡献十大伟人”之一的称号。

1944年　54岁

1月，赴古巴宣讲中国平民教育，并商谈在古巴推行平民教育事宜。

1945年　55岁

8月，诺贝尔文学奖获得者赛珍珠著《告语人民》一书在美国出版，该书介绍了晏氏献身中国平民教育的情况。

同月，南京国民政府批准乡村建设育才院为独立学院，改名为“中国乡村建设学院”。

1946年　56岁

2月26日，拜访美国政界元老Bernard M.Baruch，讨论美国援助中国平民教育问题。

3月11日，拜见美国总统杜鲁门，介绍中国平民教育的意义。

1947年　57岁

7月10日，会见美国国务卿马歇尔。

9月30日，向美国国务院提交备忘录，要求美国援助中国教育与生计等社会建设。

8 月 25 日，赴巴黎出席联合国文教组织会议，宣讲《平民教育与国际了解》。

1948 年　58 岁

1—3 月，在美为争取通过援华法案活动。

7 月，中美签订经济援助协定。

10 月，中国农村复兴联合委员会成立，任委员。

1949 年　59 岁

11 月，赴台北参加“农复会”会议。后转赴美国。

1950 年　60 岁

1 月，在美参加平民教育运动美中委员会集会。

12 月 1 日，重庆市军事管制委员会宣布解散中华平民教育促进会。

1951 年　61 岁

10—12 月，赴墨西哥、巴黎、开罗、伦敦访问。

1952 年　62 岁

赴菲律宾、印度尼西亚、泰国、印度、巴基斯坦、黎巴嫩、叙利亚、埃及、瑞士、法国访问。

1960 年　70 岁

8 月，获菲律宾“麦格塞塞奖励金”。

1961 年　71 岁

7 月，赴委内瑞拉、危地马拉、哥斯达黎加、波多黎各等国访问。

5 月，国际乡村改造学院（IIRR）第一期校舍落成典礼在菲律宾卡维特省色朗镇举行。

获菲最高平民奖章——金心勋章。

1980 年　90 岁

8 月，夫人许雅丽去世。

1985 年　95 岁

9 月，应全国人大常委会副委员长周谷城之邀回国访问，会晤了邓颖超、万里等国家领导人与文化教育科学界名流友好。赴定县、成都访问。

1986 年　96 岁

中共重庆市委常委会决定以在《重庆日报》上公开发表文章的方式，为“中华平民教育促进会”和“中国乡村建设学院”平反，恢复名誉。

1987 年　97 岁

6—7 月，再次回国访问。被欧美同学会推为名誉会长。

10 月，美国总统里根颁授“终止饥饿终生成就奖”。

1988 年　98 岁

4 月，全国人大常委会教科文卫委员会组团一行 15 人赴菲律宾，参加国际乡村改造研讨会。晏阳初专程从纽约到会作专题学术报告。

1990 年　100 岁

1 月 17 日，在纽约逝世。